JN317861

古代史の謎は「鉄」で解ける

前方後円墳や「倭国大乱」の実像

長野正孝

Nagano Masataka

PHP新書

古代史の謎は「鉄」で解ける　目次

第四章　「倭国大乱」の実像と発掘された「鉄の路」

第七章　解けた前方後円墳の謎――古墳は鉄の公設市場

第八章　「現場の常識」で歴史を見直そう

プロローグ

今、歴史の謎解きが面白い。古代史は大きく変わりつつある。その典型が弥生時代である。「弥生時代は朝鮮半島から渡来人によって、稲作が青銅器と鉄器とともに伝えられた時代」と我々は教えられてきた。最近、これが通説でなくなりつつある。

稲作は中国から、鉄も渡来人ではなく、倭人が運んできた。しかも、稲作が伝えられた時代は数千年遡ることになる。

その他にも幾つかの謎がある。弥生時代の稲作と同様、鉄は九州に伝わってから、それから東に倭人によって運ばれたといわれていた。途中、中国地方で加工されているのはまだわかるが、九州から運ばれていない筈の鉄器や高度な技術が丹後や北陸にある。どうも、「鉄の路」がほかにもあったと考えるのが自然であろう。

私はこれまで約半世紀、港を造り、船を造り、マチににぎわいをつくる仕事をしてきた。ゆえに、当時の船による交易がどのように歴史をつくってきたかに興味を持ち、研究を重ねている。本書では、当時最も重要視された鉄の交易に着目して、古代史の謎に挑んでみた。

丹後や但馬、北陸に鉄のマチができるなど突然変異ともいうべき異変が、一世紀から三世紀頃に掛けて全国的に起きている。こうした現象から、日本人の祖先「倭人」とは違う人々が、鉄を大量に持ち込み始めたという歴史が浮かび上がった。また、準構造船（第三章で詳述）という船の出現も突然である。「倭人」とは何か？ 現代の感覚というか、既存の常識を一旦捨てなければ、実像は見えてこない。

古墳時代の前方後円墳もまたしかり。なぜ、何の目的でこれだけ数多くつくられたか？ どうしても説明がつかない部分がある。だが、これも鉄の交易と人間の本能に基づいて考えたら、得心がいく仮説を立てることができた。

「鉄の路」を追うことで、違った切り口で今までの疑問が解決できた。それで見えてきたものは一～二世紀に起こったという、「倭国大乱」による社会変革と日本の古代の活力ある国家像である。

東アジアの民族大移動がきっかけで起こった玉突き現象によって、難民が大量発生し、難民と弥生人が起こした全国的な鉄を巡る騒動が「倭国大乱」であった。

やがて、在来の弥生人と融和しながら幾つか鉄の王朝ができた。九州、出雲、伯耆、丹後そして吉備である。舎人親王が仕掛けた『日本書紀』の謎も「鉄の路」で見えてきた。大和への鉄の路の違いによって、大和の五大古墳群もそれぞれ違う歴史があることを教えてくれた。

日本の製鉄の始まりについてはさまざまな説があるが、六世紀、中国山地と丹後半島でのたたら製鉄が嚆矢《こうし》とされる。古墳も役目を終え、鉄の旅も幕を閉じ、継体天皇の時代になる。日本人の旅の姿も変わった。

イギリスの歴史家エドワード・ギボンの『ローマ帝国衰亡史』が名著である理由は、その視点が多元的であることである。ローマが滅亡したとされている要因について、多くの書籍は単にゲルマン民族の侵攻としているが、ギボンはローマ人の心の内面まで入り込んで考察を加えている。ローマ帝国の耳目・動脈であった道路が老朽化し、さらにモノをつくるという肉体労働をローマ人が放棄し、それらが奴隷の手に移って国全体が崩壊したと喝破し、ローマ帝国崩壊を結論づけた。名著たる所以である。

それに及ぶべくもないが、古代史も従来の文献学とは別の視点、国際的な視野、地誌学、船の能力と操船術など技術史的視点、古代人の心の内面への考察などから歴史を見直すと別の世界が見えてくる。鉄と民族の旅を皆さんと楽しみながら、新しい歴史を発見したいと思う。

なお、時代区分であるが、本書で主に扱う「弥生時代」「古墳時代」は定義からして不確定で、参考文献によっても違う。かつて、弥生時代の開始は紀元前四〇〇年頃とされていたが、それを五〇〇年も遡る稲作跡の発見により、縄文晩期として扱われた時代が、弥生早期・前期と呼ばれるようになっている。

本書では鉄のみを扱うので、鉄が渡来する弥生中期、紀元前三〇〇年頃から考える。終わりは鉄の輸入が終わる、すなわち古墳時代が終わる紀元七〇〇年頃までとしたい。また、できるだけ暦年表示とした。

弥生時代中期は、三つに分かれる。弥生中期前半は紀元前四〇〇年〜紀元前二〇〇年、日本に燕《えん》から鉄が渡来し始めた時代である。次の中期中葉は紀元前二〇〇年〜紀元前一〇〇年、漢の楽浪郡はなやかなりし時代で、倭人の定期的な鉄の国内交易が始まったと考えられる時期である。弥生中期後半は紀元前一〇〇年〜紀元一〇〇年、前漢が滅び、新の時代を経て後漢ができる。高句麗が朝鮮半島を南下し始め、大きく東アジアの歴史が動いた時期である。「倭国大乱」が起き始めた時代である。

弥生時代後期であるが、後期前半は紀元一〇〇年〜紀元二〇〇年、丹後、出雲に王国ができ始める時代、後期後半は紀元二〇〇年〜紀元三五〇年、卑弥呼の時代である。

古墳時代は紀元二五〇年から六五〇年頃までの約四百年間を指す。弥生時代と古墳時代の移り変わりに地域差がある。前方後円墳が北は東北地方から南は九州地方の南部までつくり続けられた時代である。「前方後円墳の時代」と呼ばれることもある。紀元二五〇年から四〇〇年頃までの百五十年間を古墳時代前期、そこから五〇〇年までの百年間を古墳時代中期、残りの六五〇年までの百五十年間を古墳時代後期とする。それ以降を晩期とする。

なお、古い地名は現代の地名に置き換えて表記した。

第一章

鉄を運ぶために生まれてきた海洋民族「倭人」

一・一　鉄を巡る争いは漢の武帝の朝鮮侵略より始まった

大昔、朝鮮半島には、遊牧民族、農耕民族と一握りの海洋民族が静かに暮らしていた。鉄が朝鮮半島でつくられ始め、隣の大国中国が侵略したのをきっかけに、ここの民族は存亡をかけた大きな戦いの渦に巻き込まれた。それが千年近く続き、日本まで巻き込まれた。どうもそれが日中韓の歴史の出発点になって、今もって仲が良くない。

紀元前三世紀、周代の「戦国の七雄」の一つである燕《えん》が朝鮮半島周辺を治めている時代、朝鮮半島で鉄がつくられ始め、日本に少しずつ流れていた。紀元前一九四年、中国人（燕・斉の亡命者）と原住民の連合政権で衛氏《えいし》朝鮮が建国された。王険城、現在の平壌《ピョンヤン》を首都とした。

一方、中国はといえば、朝鮮半島の鉄やこの国には興味がなかった。始皇帝をはじめ、それまでの中国の歴代の帝王は、万里の長城が海に落ちる山海関から東、現在の中国の東北地方や朝鮮半島には、領土的野心はおろか関心もなかった。鉄であろうと、金や玉であろうと、とても運べるものではなかった。だから、千キロ以上離れた朝鮮半島から、寒風吹きすさぶ道なき荒野をどう都まで運ぶか、知恵を巡らすこともなかった。

興味が生まれ、欲が出てきたきっかけは、朝鮮半島へ渤海湾から船で渡れるようになったことである。どうやら資源が自分のものになるという判断ができてからであった。漢の武帝（在位紀元前一四一年から紀元前八七年）の時代、西方の匈奴《きようど》討伐の結果、中国と西方の通商路が開け、西欧やインドから多くの知識・文物がシルクロードを経て伝わった。その中には帆船の技術もあった。

中国と朝鮮半島の間の渤海湾がにわかに注目を浴び始める。それまで中韓の間に横たわる渤海湾は、中国にとって、万里の長城が海に落ちる東の果ての山海関まで建設資材や軍隊を運ぶためだけの海であった。天津から山海関の秦皇島《しんこうとう》まで、軍事用航路で結ばれていた。

シルクロードを渡ってきた帆船の技術は、山東半島の煙台《イエンタイ》から遼東半島の先端の大連までの百キロメートル余りを廟島《ミヤンタオ》諸島を繋いで渡ることを可能にした。その後、遼東半島の南岸を繋ぐことで朝鮮半島に到着した。

武帝は一生の間、親征はしていない。常に机上で謀《はかりごと》を考え、周到に準備してことを始めた。紀元前一〇九年、彼は水軍を編成、陸と海から侵攻を開始した。そして海からの攻撃を予期していなかった衛氏朝鮮を瞬く間に滅亡させて鉄資源を支配、中国に鉄を輸送する巨大プロジェクトを完成させたと考えられる。

司馬遷の『史記』には、「山東から攻め入った水軍が敗北し、遼東半島から攻めた部下の逃亡があった。将軍同士がいがみあって、征服には時間が掛かり、翌年の夏にようやく終わった。それからも紛争は続いた」と書いている。だが、司馬遷がこのように言うから正しいというものではない。

寒冷地の遼東半島、朝鮮半島北部、満州国境の戦闘は夏場だけに限られる。王険城陥落まで、幾冬を過ごしたとは考えづらい。逆に、遼東半島と北部の複雑な地形を考えれば、二年は短いともいえる。その後も紛争は続いたと考えられるが、戦争自体はすぐに終結したとみるべきであろう。

この漢の武帝の軍が朝鮮に侵攻したときから東アジアの鉄を巡るドラマが始まるのである。司馬遷は『史記』「朝鮮列伝」の中で、武帝の朝鮮出征を次のように正当化している。「朝鮮王の満（衛満ともいう）なる者はもともと燕人で、漢の高祖の時代（紀元前一九五年）に千人程無頼の徒を集め現在の平壌に亡命、やがて朝鮮王になった。朝鮮の王位は漢が承認したが、三代目・満王の孫の右渠《うきょ》王が漢に背いた。だから成敗した」

つまり、『史記』では、王位を与えた天子が王位を与えられた者を成敗する国内の戦争と位置付け、攻撃の正当性を主張している。ただ、司馬遷は朝鮮に非がないのに天子は攻撃し

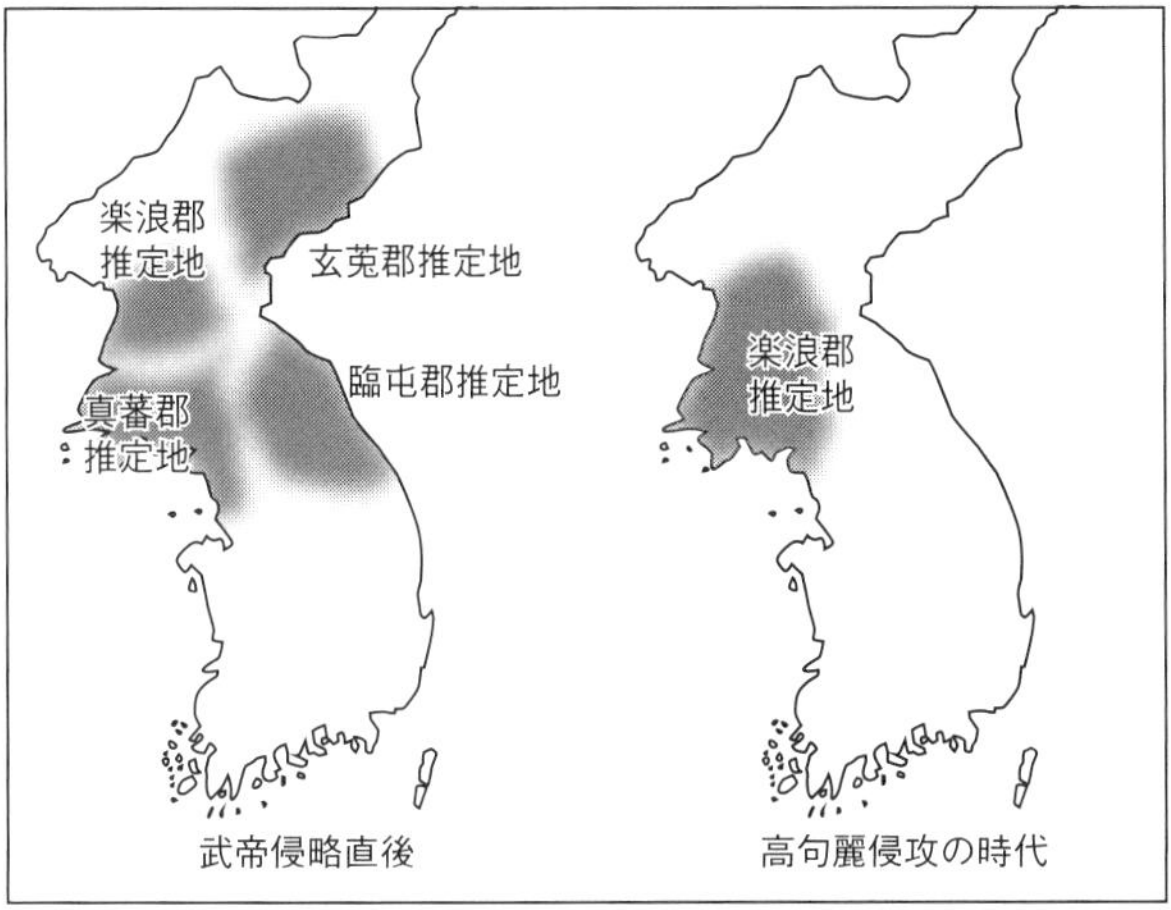

武帝侵攻後（紀元前一世紀）と高句麗侵攻後（紀元一世紀）の朝鮮半島（参考文献：『海を渡った鏡と鉄』鳥取県埋蔵文化財センター、山上編1993を一部改変）

た、罪のない人を罪人にする行為であったとこの戦争を断じている。要するに中国の資源目当ての侵略であることを暗にほのめかしているのである。

この戦争を契機に、歴代の朝鮮半島の王は、中国に承認されなければならないしきたりが生まれ、実に清の時代まで二千年以上続く。司馬遷は「武帝は鉄を得るため攻撃した」とは書いてはいないが、その後の朝鮮半島における漢人のふるまいから、この戦争が何の目的であったか明らかである。この戦争以降、中国は周辺諸国にとって常に侵略をおこなう恐ろしい国となり、それは現在のウイグルや南沙諸島でも続いている。

武帝は朝鮮半島に楽浪と玄菟《げんと》、真蕃《しんばん》と臨屯《りんとん》の漢四郡をつくって、漢人の郡太守と県令を送り、植民地政策を始めた。侵略した漢人達は土着の住民達を奴隷のように使って半島の地下に眠る鉄鉱石を掘り出し、燕や衛氏朝鮮の古い製錬・鍛造施設を使い何ら投資することなく鉄生産を始めた。

東アジアの古代鉄研究の第一人者である愛媛大学の村上恭通《むらかみやすゆき》氏も、この時代は朝鮮半島遺跡から農工具の出土品が少なく、武器が多かったと指摘、その生産の実態を裏付けている。

一・二　朝鮮半島の鉄――海は倭船、陸は高句麗の馬が運んだ

当初、朝鮮半島で生産された鉄は、漢が国家統制した。もっぱら中国国内には専売品として輸出、周辺の友好国には恭順させるための贈答品として送られた。長剣と短剣がつくられ、威力のある長剣は遠くの倭や辰韓に、短剣は高句麗など周辺部族に配られたらしい。

下賜された長剣は弥生中期後半の紀元前一〇〇年から紀元一〇〇年頃、倭人を通して海を渡り九州、西日本沿岸の国々に送られた。これらは、朝鮮半島南部もしくは九州で手斧、ナイフなど鉄器に加工され、西日本に拡散した。

北部九州では、福岡県糸島市井原鑓溝《いわらやりみぞ》遺跡、佐賀県唐津市の桜馬場《さくらのばば》遺跡など、昔の伊都

国を中心に鍛冶技術が発展した。鉄器を一からつくる技術がなくとも、戦闘で破損し捨てられた鉄剣や、あるいはもっと小さな鉄クズを輸入・加工して、別の道具に仕立てることは広く行われた。多くの甕棺墓《かめかんぼ》から鉄器が出土している。

輸入された一部の質の良い鉄剣は、権力の象徴として豪族の墳墓の副葬品として残った。柄頭《つかがしら》に丸い穴がある素環頭鉄刀《そかんとうてつとう》がそれらしい。

当然、東日本よりも九州、西日本の墳墓の方が、刀剣が多いと考えるのが常識と考えられる。

しかし、野島永《のじまひさし》氏によれば、弥生後半から弥生末期、紀元二〇〇年から四〇〇年までの墳墓出土刀剣を比較したとき、筑前、豊後、豊前より丹後、播磨、越前、但馬、上野《こうずけ》の方が同等か多い状態にある（『初期国家形成過程の鉄器文化』雄山閣出版、二〇〇九年）。これはなにを意味するか？　私は倭人以外が関わる「鉄の路」がこの時代からすでに存在していたと考える。

いったいそれはどういうことか？　その謎を解くカギが高句麗にある。最初の数十年、楽浪郡では、鉄の交易を管理・統制し、製鉄技術を秘匿していたが、周辺異民族に楽浪郡や支配地が繰り返し襲われ、その度に鉄の鋳造・鍛造技術は四方に拡散していった。

村上恭通氏は「世界では鉄は川を移動したが、朝鮮半島では不思議なことに、平原を西から東に移動した」という。この意味するところは、高句麗の遊牧民が略奪した武器を、中央の太白山脈を通って馬で運んだことだ。『魏書』「東夷伝」高句麗条によれば「その馬みな小、登山をよくす」とある。

西海岸は大河が多く、島も多いリアス式海岸が続き、舟での移動は容易であるが、馬は難しい（六五ページ「朝鮮半島の地形『西船東馬』」参照）。一方、東海岸は川が少なく平原が続き馬で移動できた。どうもこの地形が朝鮮半島の倭人と高句麗の歴史をつくったといえる。ここには、二つの「鉄の路」があったのだ。

中国人は西海岸の動静は把握し、朝鮮半島西海岸の沿岸部の鉄は倭人が運んだと思われる書き物が残っている。

一世紀頃に王充《おうじゅう》が書いた後漢の思想書『論衡《ろんこう》』（大滝一雄訳、平凡社東洋文庫）によれば、「周の時、倭人来たりて薬草を献ず。倭は燕に属す」とある。また、春秋戦国時代から秦、漢の時代の地理書『山海経《せんがいきょう》』にも倭は燕に属していたと記されている。当時燕が支配していた遼東半島は日露戦争のときの激戦地・旅順や大連がある半島であり、海岸に沿って舟で運んでいたと思われる。小さい手漕ぎの舟で沿岸を運んでいたのであろう。

遼東半島とはずいぶん遠いところから倭人が鉄を運んでいたと思われるが、一度にそこから運ばれたわけではなく、朝鮮半島北部から少しずつ普及していき、その鉄器の一部が朝鮮半島の南部から対馬海峡を越えて九州に着いたのだろう。

「海路は先達の路に倣う」のが鉄則である。これら武帝の侵攻ルートと『論衡』の記述から、後の卑弥呼の特使、難升米《なしめ》は遼東半島周辺の海路を辿ったと考えて間違いないであろう。

卑弥呼の時代になって、半島南部で鉄生産が始まり、金海《キメ》から対馬・厳原《いずはら》、壱岐・原《はる》の辻《つじ》、唐津・松浦潟に運ばれた。中国の歴史書は、西海岸については以上のように記述しているが、朝鮮半島東海岸については記述が見当たらない。

歴代中国王朝は、朝鮮半島東側でこれから起きる騒動について十分に把握していなかったのだろう。ゆえに、中国中心の文献学に依存している日本の古代史では「倭国大乱」がまったくわかっていないのである。その「倭国大乱」については、第二章以降で詳しく述べたい。

一・三　日本への鉄は小舟で対馬海峡から運ばれた

では、朝鮮半島から日本列島に鉄が初めて運ばれ始めた紀元前三世紀頃、どんな手段で運ばれ続けたのであろうか？

海を越えて運ばれる鉄は姿・形によって輸送手段が違う。長崎県壱岐市の原《はる》の辻《つじ》遺跡、唐神遺跡からは、鍬《くわ》先、鋤《すき》先、鎌などの農耕具、槍鉋《やりがんな》など木工具、刀などの武器、鏃《やじり》、銛《もり》、釣針など狩猟漁撈用道具と鉄の塊が出土している。いずれも大きなものではない。これらは北部九州で普及した鉄器と同じである。

紀元前後までは、海峡周辺の倭人によって小さな手漕ぎの丸木舟で対馬海峡を渡って運ばれたと考えてよい。卑弥呼の時代の前まで毎年、勾玉《まがたま》、翡翠《ひすい》、黒曜石などを持ち寄った倭人は、船で集まり、数十隻あるいは百隻以上の船団で、年に数度の弁韓への冒険旅行を挙行した。対馬海峡には二カ所、五〇キロメートルの距離を帆走もしくは手漕ぎで進まねばならぬところがある。

卑弥呼の時代から半島南部で鉄生産が始まり、その遺跡からその時代の海路を考えてみよう。金海《キメ》市にある伽耶の浜からまず西に向かい勒島《ヌクト》遺跡がある慶尚南道泗川《サチヨン》市の島々を繋ぎ、そこから対馬までの六〇キロメートルの海峡を対馬海流に乗って一気に漕ぎ進み、対馬の西海岸に流れ着く。基本的には対馬海流に流される。

そして、中央の船越を東海岸に渡り、厳原《いずはら》に着く。そこから、壱岐の北岸に向けて五〇キロメートルを漕ぎ進み、島を回り、南端の原《はる》の辻《つじ》に着く。そこから、福岡（那の津）に向けて岬の鼻や島をつなぎながら六〇キロメートルを漕ぎ、最終的に鉄は糸島、唐津（松浦潟）

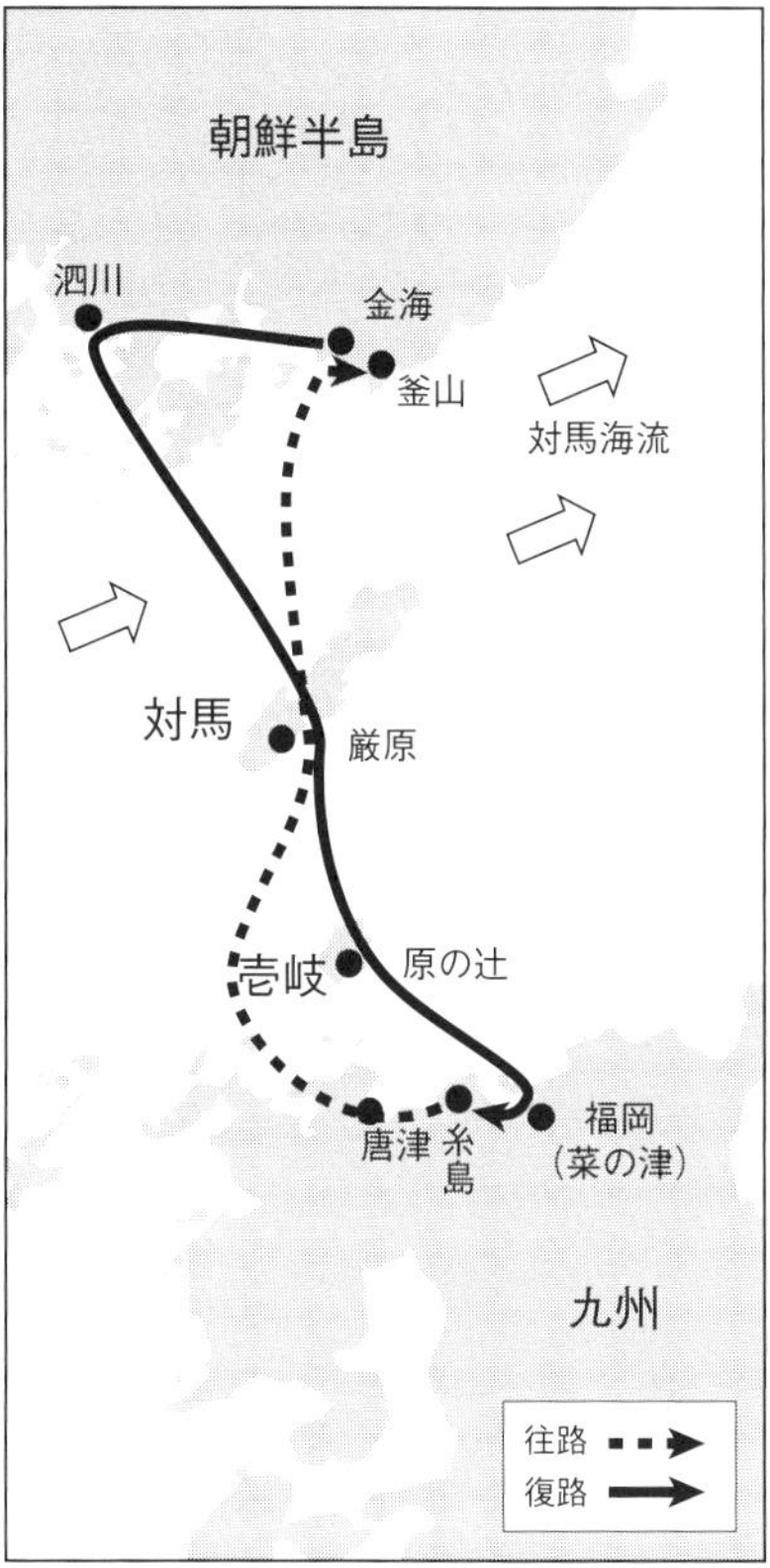

対馬海峡の「鉄の路」

付近の鉄加工の工業地帯に運ばれた。

朝鮮半島に向かうコースは海流に乗って糸島半島から直接対馬に漕ぎ進み、厳原に着く。そこから西海岸の和多都美《わたづみ》神社に出て、そこから風を選んで漕ぎ進み、金海に着く。多くは金海より東の釜山の方向に漂着する。

元農林官僚で稲の渡来の研究をされてきた池橋宏氏も、『稲作渡来民』（講談社選書メチエ、二〇〇八年）の中で遣唐使と紀貫之『土佐日記』の航海を分析した上で、弥生時代の外洋航海について「弥生時代の舟は大勢の人が櫂《かい》で船を漕ぎ進める。船尾で操舵櫂というべき、舵《かじ》の代わりになる大きな櫂を持った人が、方向を調整し進んだ」という。

一見すると原始的であるが、遣唐使船や紀貫之の航海の帆船が非効率的であったことを考えると、櫂で漕ぎ進む方が案外速かったのだろう、と述べている。その微妙な距離により簡便な方法が選ばれたといえる。私の前作『古代史の謎は「海路」で解ける』（PHP新書、二〇一五年）で述べた考えと同じである。

残っている倭人の記録の中に、弁韓の鉄市場で鉄を豪快に買っている有名な記述があるが、これはすでに朝鮮半島南部で鉄がつくられ始めた弥生後期の紀元二〇〇年代のことで、最初に定期的な交易が始まった時期とは三、四百年ほどの差があり、船のカタチも大きさも変わっていったと考えられる。その変わり方に歴史のヒントが隠されている。

この卑弥呼の時代は準構造船、五世紀頃には応神天皇が使った帆船と、次第に大きな船に変化しながら鉄は運ばれたが、その船の系譜は謎である。

一・四　対馬海峡を渡る流儀——季節・船・天候

前節で述べた、対馬海峡の五〇キロメートルの微妙な距離を帆走もしくは手漕ぎで進まねばならぬところとは、壱岐から対馬の厳原と、そして対馬の北端から朝鮮半島の金海《キメ》である。

ここを渡るには三つの要素が大切である。舟と季節と天候である。舟については、この海での大切な「流儀」がある。前節で紹介したようにこの二か所については帆を頼りに風を何日も待つより、天気と汐《しお》の流れを読み、一気に一日で五〇キロメートルを漕ぎぬいたらしい。そのためには速力が出る細身の船と天気を読むスキル、持続して漕ぎぬく腕力がある若者が必要であった。

その名残が、毛利水軍や村上水軍、松浦衆《まつらしゅう》に引き継がれる。現在、倭人の記憶として残っているのが、美保神社の「諸手船《もろたぶね》」、沖縄のサバニ、松浦衆の早船など伝統的な細身の高速艇である。沖縄のサバニは帆走できる高速艇として残っている。

倭国が渡来した季節はいつだったか。『三国史記』を見ると、後年の倭が新羅を襲撃する時期は、旧暦の四月～六月に集中しており、九月～一月の間はまったく見られないという。寒い冬場は外洋を漕ぎ進んでの交易はできない。

また、天候を選ばねば対馬海峡、日本海沿岸は航走できない。後に詳しく述べるが、私は、卑弥呼は、天気を占い、船を選び、組織で「海峡を渡る」指導力がある巫女であったと考えている。天候を選ぶ重要性が卜骨《ぼっこつ》の神頼み、祈禱につながった。

一・五　地域格差がはなはだしい鉄の加工技術

紀元前には鉄は東に運ばれ始めていた。森浩一氏は作家松本清張が編集した『邪馬臺国の常識』(毎日新聞社、一九七四年)の中で、鉄の伝播・生産に基づいた時代区分を提唱している。第一段階は鉄の使用段階、二番目は鉄器を製作(鍛造)した段階、三番目は鉄器を鋳造した段階という。弥生前期(紀元前四世紀から紀元前二世紀)のころ、北部九州では鉄器を使用する第一段階で、問題の卑弥呼の弥生時代の三世紀には北部九州では鉄器は普及、石器は使われなくなり、鉄器製作の段階に入っていた。よそはどうかといえば、弥生中期になって

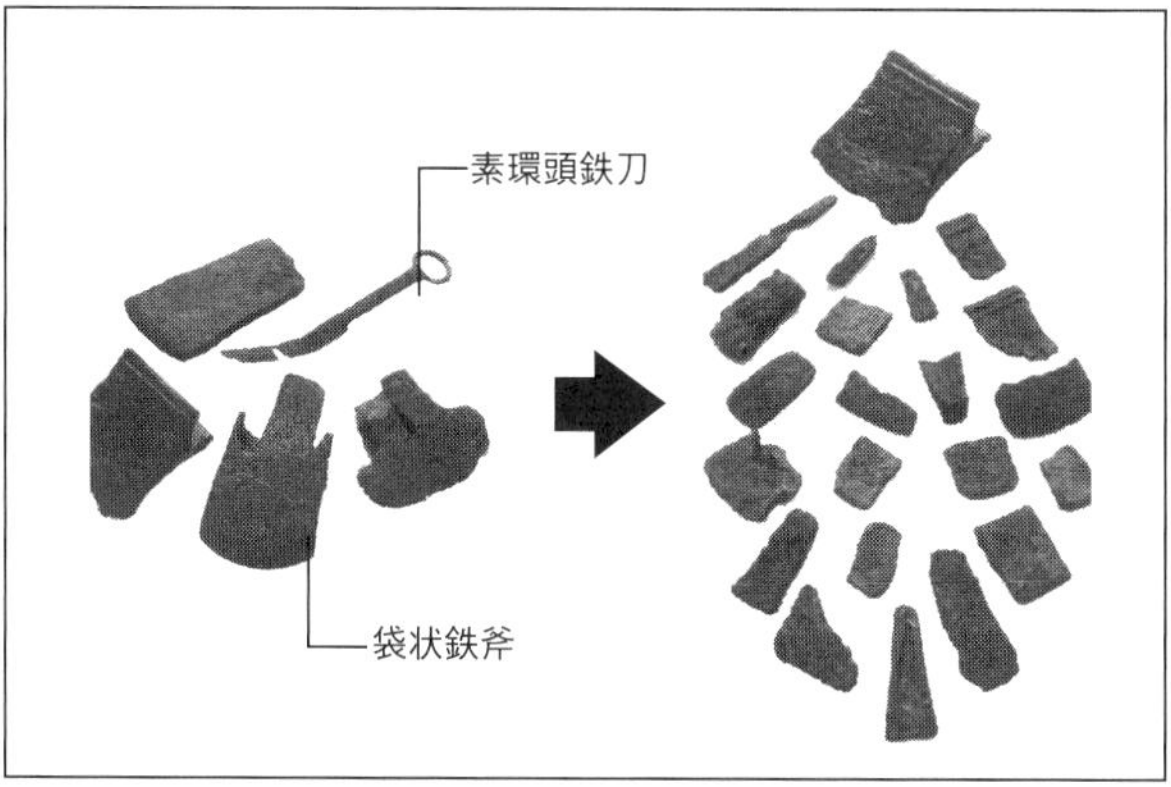

倭国で加工される鉄器
青谷上寺地遺跡では輸入した大型鉄器を小さな鉄斧や小刀に加工した
（写真提供：鳥取県埋蔵文化財センター）

も、鉄は全国に一巡していなかった。大和にも運ばれていないという。

森浩一氏の四十年前の発見によると、紀元前の弥生時代、鉄は大変貴重で、九州では倭人が運んで来た刀を潰して、山陰地方で木製の柄の先に袋状に巻き付けた斧の板状鉄斧に変えて交易をしていた。九州でつくった袋状の刃を持った斧は本来そのまま東に伝わるはずであったが、途中に板状鉄斧に加工された。それは何を意味するのか？

野島永氏らによれば、当時鉄は貴重で、九州から鉄器が東進するにつれさらに加工が細かくなり、素環頭鉄刀の環の部分、袋状鉄斧の耳の部分や、さらに小さな破片なども鍛造加工され、小さな刃物や鉄鏃《てつぞく》（やじり）に化けていった（『初期国家形成過程の鉄器文化』）。

河合章行氏らがとりまとめた『海を渡った鏡と鉄』（鳥取県埋蔵文化財センター、二〇一二年）によると、妻木晩田《むきばんだ》、青谷上寺地《あおやかみじち》は、これまでそれぞれ四〇〇点以上の鉄器が出土した鳥取県最大の遺跡で、朝鮮半島との交易があり、この地で鉄器を生産したことがわかってきた。

まず、鳥取県で一番古い鉄器は前期後葉（紀元前四〇〇年前後）に遼東半島でつくられた鉄器が運ばれたという。これはかなり早いという印象だ。これら古い鉄器は、日本海沿岸の西高江《にしたかえ》、茶畑《ちゃばたけ》など、海岸線に沿って点々と出土している。倭人の舟による鉄の日本海交易を物語る遺構で、東西の鉄の流れの痕跡と考えてよい。

伯耆地方からは、九州にしかない筈の素環頭鉄刀、大柄の板状石斧が大量に出土している。これは、直接朝鮮半島から別の流れがあったと考えられる。

前掲書『海を渡った鏡と鉄』によれば、紀元前一〇〇年から紀元一〇〇年くらいの間に、九州から鉄の加工品、朝鮮半島からは素環頭鉄刀、大柄の板状石斧や、紀元前一五〇年から紀元五〇年頃に中国で作られた星雲文鏡や内行花紋鏡がどっと入ってきたという。鍛冶跡から数多くの鉄工所ができ、ここで板状鉄斧などに加工し国内販売を行った。ここでは袋部を潰し、斧の刃先部分を板状斧として出荷した。

しかし、この地の鉄の技術力は低かった。前掲書によれば、素材の鉄は良質な朝鮮半島の鉄であったが、加工技術は低く、質は九州の製品より悪かったという。

一方、紀元前一世頃に大規模な玉つくり工場があった京都府京丹後市奈具岡《なぐおか》遺跡では、玉石に穴を空けるための針のような鉄製品を自らつくる高度な技術があった。その技術は倭人の日本海交易でもたらされたものではなく、突然変異的な技術である。ここの鉄器も謎が多い。すなわち、「九州から日本海沿岸に倭人が鉄を加工して運んだ」形跡はあるが、伝わった鉄器技術に差がありすぎるのである。この技術の不均衡については野島永氏も疑問に感じておられるが、原因を説明されていない。偶然の漂着民による鉄の持ち込みで、個々の地点での渡来人の技術力の格差になったと考えられる。

一・六　倭人とはどこの地域、どこの国の人間を指すのか？

「倭国」は「和国」、すなわち日本だ、と思われがちだが、実は定かではない。一・二で述べた『論衡《ろんこう》』や『山海経《せんがいきょう》』に書かれた遼東半島の倭と『後漢書』の楽浪郡（平壌）を挟んで反対側で活動する倭は距離が離れすぎている。しかし、中国から見れば一緒である。紀元前から一世紀頃の中国人の倭に対する認識は、遼東半島以遠の、鉄の交易と漁業に従事していた人種としか見ていない。

ただ、港津を繋ぎ交易をする倭という民族が、朝鮮半島に存在した事実はこれら文献より見て取れる。ここで倭とは一つの民族かどうか疑いがもたれるところである。

考古学的に見ると、朝鮮半島の影響を強く受けた曽畑式《そばたしき》土器が、彼ら倭人の生活圏と一致していた。倭人は九州、西日本の島嶼部、朝鮮半島西部海域から遼東半島付近まで活躍していた海洋民族だったのである。

九州の鉄の遺跡で見ると、糸島平野の三雲南小路、井原鑓溝《いわらやりみぞ》、平原《ひらばる》などが鉄製品の交易の出発点であるといえる。

私はこの倭人は、どうも同じ人種ではなく、日本海を渡る知恵と技能を身に着けた仲間たちで、海で助け合いをすることが宿命づけられることから生まれた〝海洋民族〟ではないかと考える。

後述のハンザ同盟やヴェネツィアの商人と同じで、男達の世界である。海洋民族の「海を渡る、モノを運び、交易をする」行為は、人間の大脳新皮質に、常に新しい情報を提供する。すなわち、天候、潮の流れ、船の技術、体力の情報、人間関係など絶えず総合的に判断し、行動する自由人である。その自由な「ふるまい」を子孫や係累に伝えることで組織として進化していった。

したがって、五世紀頃まで彼らに首都や王の都という概念はなかった。群雄割拠でそれを結ぶ交易路こそが「倭国」の実体だと考えられる。

一・七　倭人はなぜ中国に朝貢し続けたのか？

古代、倭人達は何の目的で中国の皇帝に朝貢したのか。中国の多くの史書には「朝貢した」とあるだけで、なぜ来たか理由が書かれていない。時代背景から推測すると、倭人が鉄の交易で莫大な利益を生むために、中国にその交易の利権を守ってもらう——別な表現でいえば航路の権利、商売をする権利を認知してもらうことがその目的であった。

朝鮮半島で鉄づくりが始まってから約三百年が経った紀元五七年に、有名な「倭の奴国（現在の博多）の王の金印」が授けられたことが、『後漢書』「東夷伝」に記されている。奴国使者大夫（たいふ・たゆう）が朝貢した折、後漢の光武帝は彼に金印を授けた。その金印は江戸時代に志賀島にて発見された。

大夫はどんな時代に訪中し、金印の意味するところは何であったのか？　紀元二一五年に後漢が建国されて約三十年、楽浪郡が高句麗の襲撃を受けてから十年後で、高句麗はこの時期、さらに力を増強しつつあった。光武帝は奴国を味方につけたかったが故に厚遇したと考える。倭国だけではなく、東夷の遊牧民の雄、夫余《ふよ》にも礼を尽くしている。

大夫の次に倭人としての記録が現れるのは、同じく『後漢書』「東夷伝」の一〇七年の記述である。「倭国王・帥升《すいしょう》らが後漢の安帝へ一六〇人の生口《せいこう》（奴隷）を洛陽まで運んだ」という。

日本の博多から一六〇人もの生口を当時の細身の船で運ぶには、かなりの数の船が要った。おそらく、博多からは運んでいない。当時立ち寄った朝鮮半島西海岸の幾つかの河口の港町で生口は簡単に手に入ったと考えられる。そして、人数を集めた上、楽浪郡からは洛陽まで漢の帆船で向かったと考える。

倭人は燕の時代から後漢の時代まで、渤海湾から楽浪郡、九州までの鉄の交易を幅広く行っていたが、なぜ、この帥升の朝貢だけが『後漢書』に記録されたのか？　単に大勢の生口を貰っての感謝ではあるまい。

この時代も高句麗から圧力を掛けられて、多くの船で帝都洛陽に来た倭人の交易ネットワークの強靭さに驚いたのではないだろうか。

卑弥呼の特使・難升米のケースはどうか？　『三国志』『魏書』巻三〇「東夷伝」倭人条俗称『魏志倭人伝』中に、卑弥呼の使いとして難升米《なしめ》が登場する。景初二年（二三八年）六月、卑弥呼は帯方郡に大夫の難升米を遣わし、太守の劉夏《りゅうか》に皇帝への拝謁を願い出た。

劉夏はこれを許し、役人と兵士をつけて彼らを都まで送った。難升米は皇帝に謁見、男女の生口一〇人、それに班布二匹二丈を献じた。皇帝は遠い土地から海を越えて倭人が朝貢に来たことを悦び、ねぎらい、卑弥呼を親魏倭王と為し、金印紫綬を与え、献上物の代償として錦、毛織物、絹、金、刀、銅鏡百枚など莫大な下賜品を与えた。難升米がどんな目的で訪中したかは書いていないが、鉄の交易を保護してもらうことを目的とした資源外交であったことには異論がないであろう。そして、『日本書紀』が示すようにこの卑弥呼が神功皇后であったとするなら、彼女の三韓征伐の大航海は「鉄の路」で検証されなければならない。

難升米が持参したのは男女の生口一〇人、布などだけで、それほどたいそうなものは持って行かなかった。しかし、当時の三世紀初めの朝鮮半島の厳しい情勢が、彼女の特使派遣の目的を教えてくれた。

詳しくは五・五「鏡と古墳から読み解く瀬戸内海の『鉄の路』」に述べているが、瀬戸内海は五世紀まで鉄が通っていなかった。鉄のために朝貢しているにもかかわらず、鉄が通っていない瀬戸内海の行き止まりのヤマトに卑弥呼がいたというのは無理があるようだ。

当時、魏は高句麗の力を借りて、公孫氏の遼東地域を征服、その南の楽浪・帯方二郡を百年ぶりに奪還、中国の支配下としていた。公孫氏の時代でも倭国は交易をしていたが、魏の時代になって新領主に改めてその交易の庇護を求めたと考える。当然、魏への慶賀の挨拶も兼ねていた。

「朝鮮半島で鉄の交易をさせていただく」中国への挨拶は、帥升、卑弥呼、「倭の五王」と倭国の為政者が変わっても、中国の政権が変わる度に欠くことができない儀式であった。

卑弥呼の時代には、「倭国大乱」の余波が続いており、日本海の交易路に新規参入者やライバルが現れ、より複雑になっていった。背後には巨大な高句麗の姿が見え隠れし、五世紀にはとうとう倭国と高句麗の百年戦争が始まり、大変な状態になっていくのである。

第二章

「倭国大乱」前夜の日本海沿岸の「鉄の路」

二・一　日本列島は水世界

山本武夫氏の「気候変動から邪馬台国を考える」（『邪馬臺国の常識』より）と辻誠一郎氏「倭人の生きた環境」（国立歴史民俗博物館編『倭人をとりまく世界』山川出版社、二〇〇〇年）によれば、弥生時代は寒冷化が進んだ小氷河期であった。海の水は急速に沖に引き始めていた海退期で、現在ある全ての都市が水底《みなぞこ》から浮かび上がり始めた時期であった。卑弥呼の弥生時代はまだ川と海を結ぶ「水世界」であった。

地球の海水面は約一万九千年前から気候変動などで上昇、下降を繰り返し、日本では一番温暖化が進んだ縄文時代から弥生時代に移る頃の我が国の海水面は、現在より数メートルは高く、前述のように沿岸主要都市は海の中で、沖積平野の形成も進んでいなかった。

この時代、日本人とは、縄文人から少し進歩した弥生人であり、遺跡から見る限り、洪水や高波を受けやすい大きな川や外洋を避け、谷筋の水路から水田に水を引き、その周辺にはクリ、カシ、クワなどの樹を植え、いろいろなものを食べて生活をしていた。平野は海の底で国土全体が水世界であり、山地を開墾する灌漑技術はまだ持っていなかった。

古墳が少し高い土盛りになっているのは、水世界の中で絶えず発生する洪水から避難する

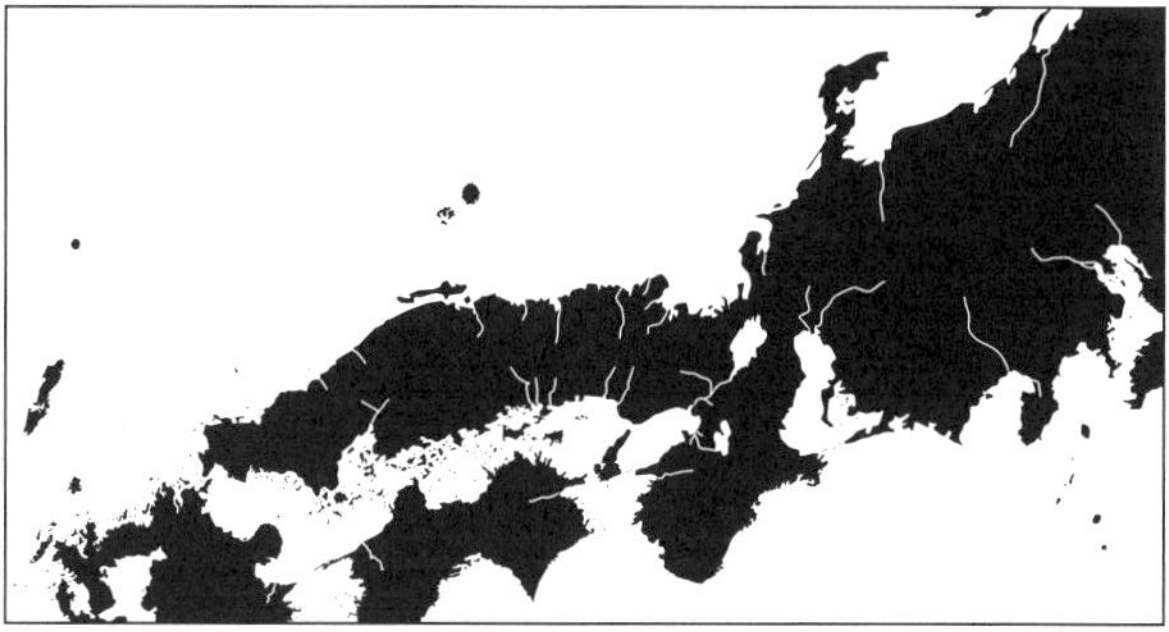

現在より海抜を10mほど上昇させてつくった古代の日本
（作成：長野正孝、地図提供：（株）国際地学協会）

ためでもあった。

多くの村の住民は穏やかな海や小さな川で、魚や貝をとっており、舟は有用な手段であった。冬でも漁ができる潟や湾、湖があることで、そこで命を繋ぐことができた。

河川などから送られる土砂の堆積も考え、現在の地形が当時より海抜一〇メートル強の高さまで海が来ていると考えて、当時の日本列島の地形を想像すると、関東平野、濃尾平野、大阪市街地は言うに及ばず現在の沿岸部の平野部分はすべて海の底で、舟でしか旅はできないことが理解できよう。

陸化が進み始めた潟や湖でも、水際を追いかけ集落も移動した。すなわち、瀬戸内海から当時、時代によっては河内潟と呼ばれた河内湖から、比較的簡単に舟で琵琶湖や奈良まで移動することができた。淀川水系

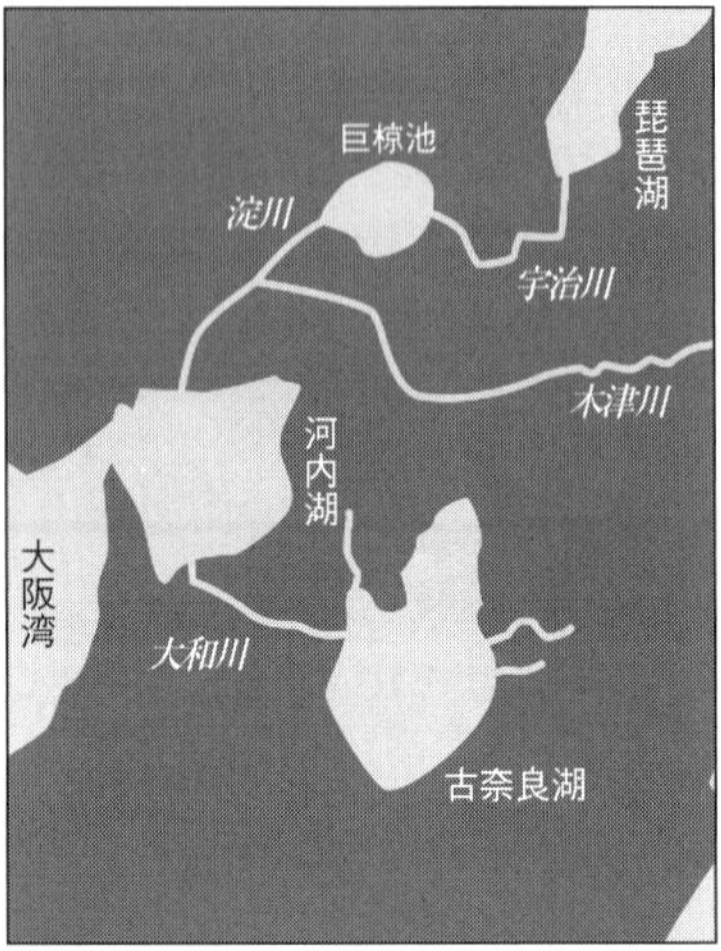

古代のヤマトの水世界

から琵琶湖まで、大和川経由で当時は琵琶湖のように湖が広がっていた奈良盆地まで到達できた。やがて、河内湖も奈良盆地の湖も次第に干上がり、今の姿になったが、集落はその水際を追いかけて動き続けたのである。

西日本の日本海側は潟湖《せきこ》が続き、潮流が速い瀬戸内海より、交通の便は良かった。舟によって移動できるところに自然にマチはつくられた。

二・二　ハンザ同盟に見る連携都市国家像

貴重な財物としての鉄は、土器やコメのように単なる「伝播」ではなく交易として運ばれた。そこはしっかり論を整理する必要がある。

この節では私が当時の倭国に似ていると考えるハンザ同盟について取り上げてみたい。

五世紀になって『宋書』「倭国伝」の武の上表文では、東北から朝鮮半島までを国としているが、これは国でなく多国籍、多民族、多言語の集落群が、交易の利益のみで結ばれていたいわば都市連合である。そこには、現在でいう国家という概念は存在しない。中世のハンザ同盟と同じような世界である。

国ではなく、都市同盟、アライアンスである。一三世紀から一七世紀の北海、バルト海を中心とする連帯した商業都市連合である。交易を共通の利益とする中小都市の商人達の同盟である。その語源となったドイツ語の「ハンス」とは、「男達の世界」という意味であった。北ドイツやオランダ北部の、湿地を船で交易する人々にサービスを提供したという点、組織で戦ったという点など、倭国と多くの共通点がある。

海上、陸上運送の商人達が交易を目的として自然発生的に集まった組合組織であったが、織物業や鉱業の業者と連携し、地域産業の振興を図り、中世ヨーロッパの都市を大きく発展させた集団であった。ハンザの町は、倭国の国家と同様、一つずつは小さい。北部ドイツやオランダを見ればわかるが、現在も小さな都市が数多くある。旅人が移動するための宿が発展してマチになったのだ。

そのルートは、大きく三つ。簡単に紹介すると第一のルートは、東西に伸びたハンザ同盟の諸都市を結ぶ〝背骨〟のルートである。東はバルト海からリューベック、ハンブルクを通

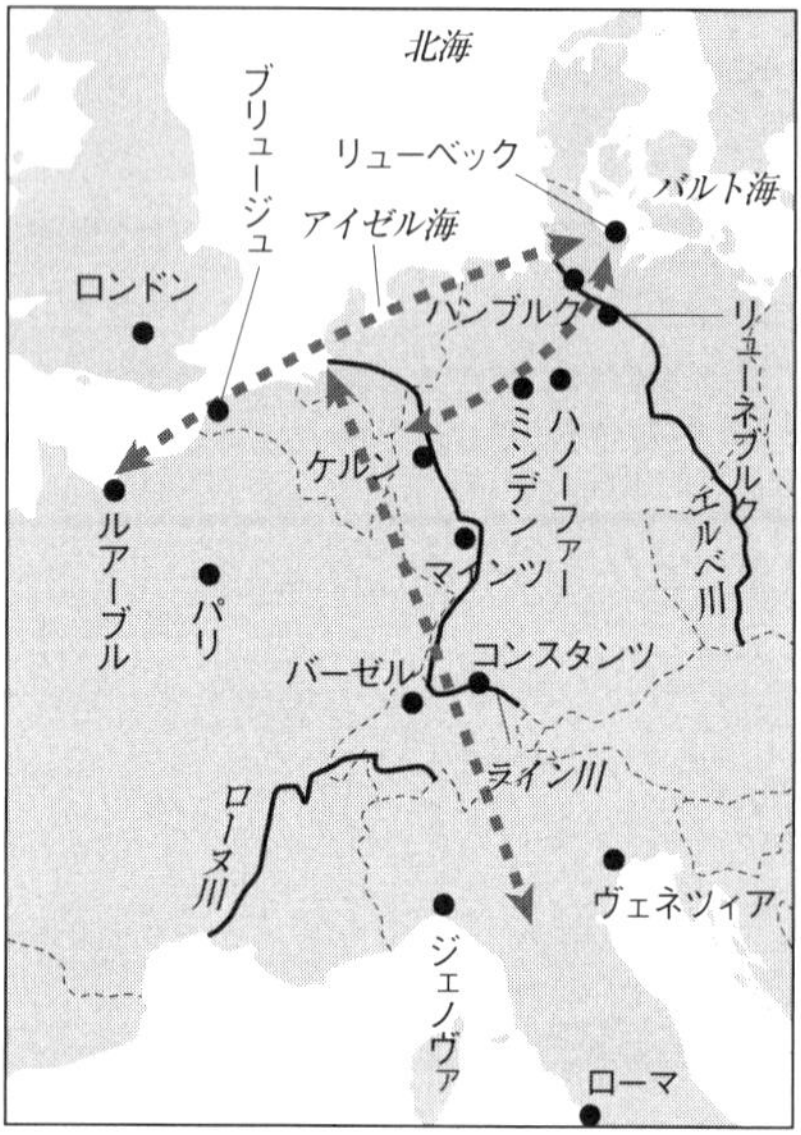

ハンザ同盟

り、北海からアイゼル海に沿って、ライン川などのデルタ地帯を経て、フランドルのブリュージュに着き、さらにロンドン、ルアーブルなど西方の港とつなぐ北海沿岸ルートである。

第二はリューベックからリューネブルク、ハノーファー、ミンデンからケルンなどドイツ内陸都市を結ぶ内陸ルートである。第三はケルンからマインツ、バーゼル、コンスタンツなどを経てイタリアのヴェネツィア、ジェノヴァ、南フランスに抜けるライン川ルートである。

第一のルートが背骨だとしたら、第二、第三は肋骨ルートに例えられる。

ハンザの繁栄は、独占的な商業権益を保障する強力な海上と内陸水運網の上に成り立っていた。ルート上の主要都市は今日ではヨーロッパを代表する大都市になり、また、そのルートは「ロマンチック街道」や「ビア・ライゼ」（ビールの旅）などの呼び名のドイツの一大観光ルートにもなっている。

このハンザ同盟は、地元の力のある封建領主や教会に庇護されたが、時には干渉され、権益を奪われたりもした。常に敵対する勢力を排除しながら維持された同盟でもあった。ハンザ同盟と同じく、倭国にも敵対勢力があった。四七八年の『宋書』に残る倭王武の上表文にあるように倭国も戦い続けたのである。その時代、最大の敵は高句麗であった。

四世紀末から始まる高句麗、新羅とのせめぎ合いの中で、『三国史記』に「倭人が朝鮮のマチを攻撃した」という記述が登場する。これは新羅や高句麗といった明らかなる敵対勢力が倭の交易ルートを襲って同盟関係にあった周辺の倭人の町から軍隊が出撃した話である。倭国の方がハンザ同盟より歴史的には古く、この倭人の結束の姿は、当時の農本主義の中国にはよくわからなかったようである。

四十年前の名著『邪馬臺国の常識』で松本清張は、漢も魏も倭人の国家の概念がわかっていなかった、したがって、倭国ではなく倭人としたのではないかと説明している。

二・三　黒曜石と土笛が語る草創期の「鉄の路」

紀元前三、四〇〇年の弥生中期前半頃において、日本海沿岸の交易はどのような範囲であったか？　これが倭国のエリアと考えれば、二つの指標がその範囲を示してくれる。黒曜石と土笛の陶塤《とうけん》である。

鋭利な刃物に代わる黒曜石は鉄器が出現するまで、縄文人の使う石器のうちで最も貴重な石材であった。日本では約六〇カ所の産地があるが、良質なものの産地は信州八ヶ岳周辺、伊豆諸島の神津島、隠岐の島などに限られており、縄文時代から日本全国だけでなく朝鮮半島、沿海州まで日本の黒曜石は運ばれた。現在では黒曜石の産地は石の化学組成でわかる。

村上恭通《やすゆき》氏によれば、「鉄の路」は縄文時代の黒曜石、サヌカイト、翡翠《ひすい》などの道をなぞる形でできていったという。

隠岐の島の黒曜石が朝鮮半島に運ばれてきたというのが今まで定説であったが、どうも違っているようだ。島根県古代文化センターの稲田陽介氏の研究によれば、朝鮮半島南部の黒曜石は伊万里の腰岳から、オホーツク海周辺には北海道から運ばれていた。隠岐の島の石は日本海岸を東に進み、北陸まで達していたが、朝鮮半島には運ばれている痕跡はないという。

しかし、隠岐の島には縄文時代の朝鮮半島の土器もある。これらから何が推論できるのか？　隠岐の島と東海岸の浦項《ポハン》、蔚山《ウルサン》まで約三〇〇キロメートルほど、北西の竹島まで約二〇〇キロメートルほど、真北のナホトカまで約七〇〇キロメートルであるが、朝鮮半島から偶然の漂着はあっても、縄文人の丸木舟では、黒曜石は交易できなかった。日本海の数百キロの距離は渡れない（渡っていなかった）、出雲半島と隠岐の島の距離が限界であったことを示している。

隠岐の島からの出航は、西ノ島の海《あま》神社から出た。この神社では、隔年の七月の大祭の時期に船渡御祭が行われている。

それでは紀元一世紀から二世紀の出雲や丹後に漂着した「倭国大乱」の難民は、どのように日本海を渡ったのか？　まだ答えは出ていない。隠岐の島の鉄の流れを研究されている角《かく》田徳幸《だのりゆき》氏によれば、この時期隠岐の島にも鉄が朝鮮半島から到達しているという。

隠岐の島に二〇〇基もの円墳、角墳が混じった墳墓があるのは「倭国大乱」の時代に多くの漂着難民がここに到達したと考える。後述する四隅突出型墳丘墓ができる前である。

大海をどのように渡ったか、おそらく筏《いかだ》か舟を繋いで渡った。鬱陵島《ウルルンド》、竹島と島を繋いで、反時計回りのリマン海流に乗って出雲半島にたどり着いた。最初の民族移動の時代を経て、その後、長い時代を通して多様な鉄の交易があったとみるべきであろう。おそらく北陸や丹後、出雲など広い範囲に船が到着した。

一方、土笛陶塤《とうけん》という、鉄とともに古代中国から日本海に伝わってきた楽器がある。一〇センチ未満の卵形をした土製の素焼きの笛で、上部に吹き口があり、前面の四個と背面の二個の計六個の孔を指でふさいで音を奏でる。日本列島では北部九州から山口県響灘《ひびきなだ》周辺、島根県宍道湖周辺及び丹後半島の三つに分布の中心があり、一九六六年に山口県下関市綾羅《あやら》木郷《ぎごう》遺跡から初めて発掘された。以降、これまでに約一〇〇個以上発見されている。下関では音楽会も開かれた。

長年土笛研究を続けられた江川幸子氏は、この土笛について次のように語っている。時期は弥生時代前期後半、全出土数の三分の二は出雲からの出土である。出土する場所は丹後や出雲では旧河道や海岸で出土する。音はひどく、音楽ではなく、祭祀用である。

京都府埋蔵文化財調査研究センターの肥後弘幸氏は、京丹後市内の竹野遺跡、途中ヶ丘遺跡、扇谷遺跡から合計五個が出土していて、列島における出土の東限が丹後半島であるとしている（『丹後王国の世界』丹後古代の里資料館、二〇一三年より）。遺跡の出土時期から、弥生中期の「鉄の路」にあると考えられる。船旅をしながら持ち歩いたのであろう。

　これらから言えることは、倭人の交易路かどうかわからないが、縄文時代より朝鮮半島南部から隠岐の島・出雲の航路があった。そして、丹後半島より東へは航海していなかった。丹後半島が弥生中期中葉、紀元一世紀頃、手漕ぎの舟によって始まった「鉄の路」の北限を示しているといえる。

　そして本格的な鉄の時代、弥生中期後半になると、日本海から土笛・陶塤は消える。私は別の民族が丹後半島の黒曜石、ガラス玉の路を「鉄の路」に変えたと考える。それは倭人である。

　土笛・陶塤は、倭人の前の弥生人の、「黒曜石の路」の船乗りの汽笛ではなかったと考える。出土した場所はすべて港で、松江市のタテチョウ遺跡など出雲が中心である。船団が港に着いたときに、この時代、敵味方を峻別できる方法は音しかなかった。音程の幅がない土笛は音楽でもなければ、祭祀ではない、航海の道具であったと考えるのが妥当である。

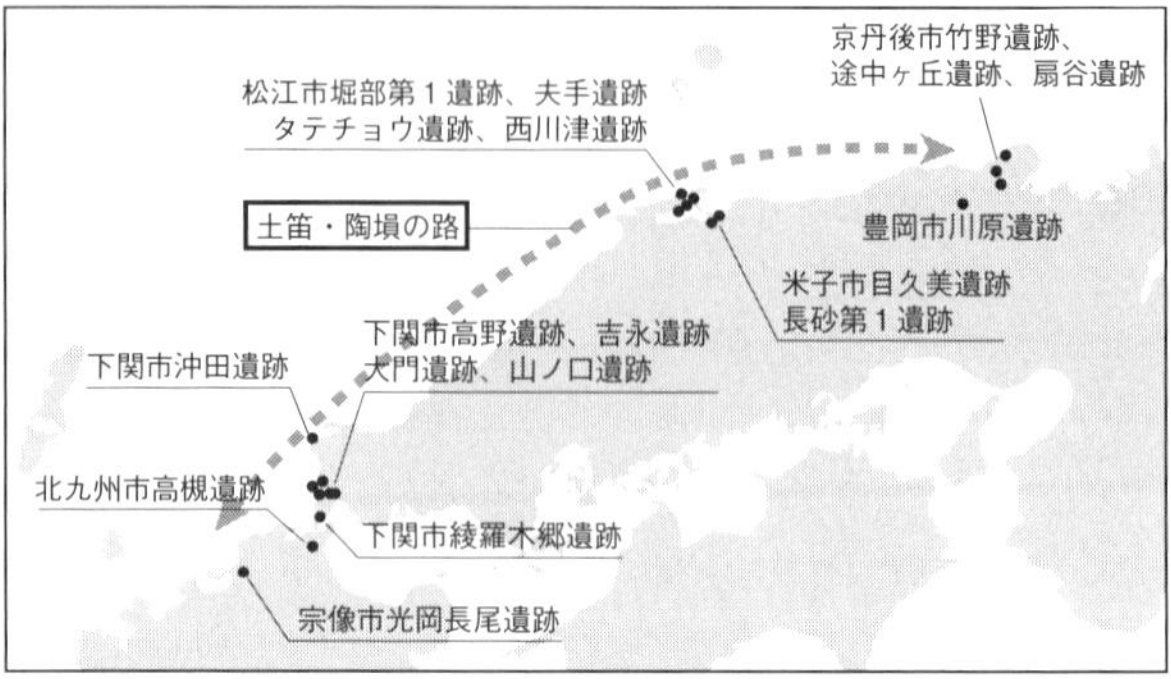

日本海側に広がる陶塤の分布（肥後弘幸氏作成の図を一部改変）

陶塤（写真提供：京丹後市教育委員会）

黒曜石の鏃《やじり》（写真提供：時事通信フォト）

二・四 卜骨《ぼっこつ》遺構でわかる卑弥呼の世界

朝鮮半島の風俗習慣を記した『魏書』「東夷伝」には、動物の骨を焼いて、吉凶を占う方法「卜骨《ぼっこつ》」が載っている。物事を始める、旅をする際、骨を焼き、焼けた形を観て吉凶、旅の是非、方角などを占う祈禱方法が卜骨であり、海洋民族の倭人ならではの習慣である。予め穴を空けるが、穴の空け方は三種類ほどある。平安時代前期、五行陰陽道が普及する時代まで続いた重要な祈禱である。

倭人が出航するとき、航海安全を祈願するために、ほとんどの港で必ず、その儀式が行われたと考える。卜骨は儀式終了後に貝塚に捨てられるので、朝鮮半島南部、九州北部までの島嶼部から、日本海沿岸の古代遺跡で探すことができ、そこが倭国かどうかを調べることができる。

まず、朝鮮半島の出発点であるが、同じく、『魏書』「東夷伝」には朝鮮半島の東南部における鉄生産と交易に関する記述が見られ、金海・東萊《トンネ》はその比定地とされ、伽耶の金海府院洞貝塚、東萊楽民洞貝塚付近が「鉄の路」の起点と考えられる。

勒島《ヌクト》、対馬の厳原《いずはら》、壱岐の原の辻《はるのつじ》、沖ノ島、岡垣、唐津・松浦潟、福岡・香椎潟の九州か

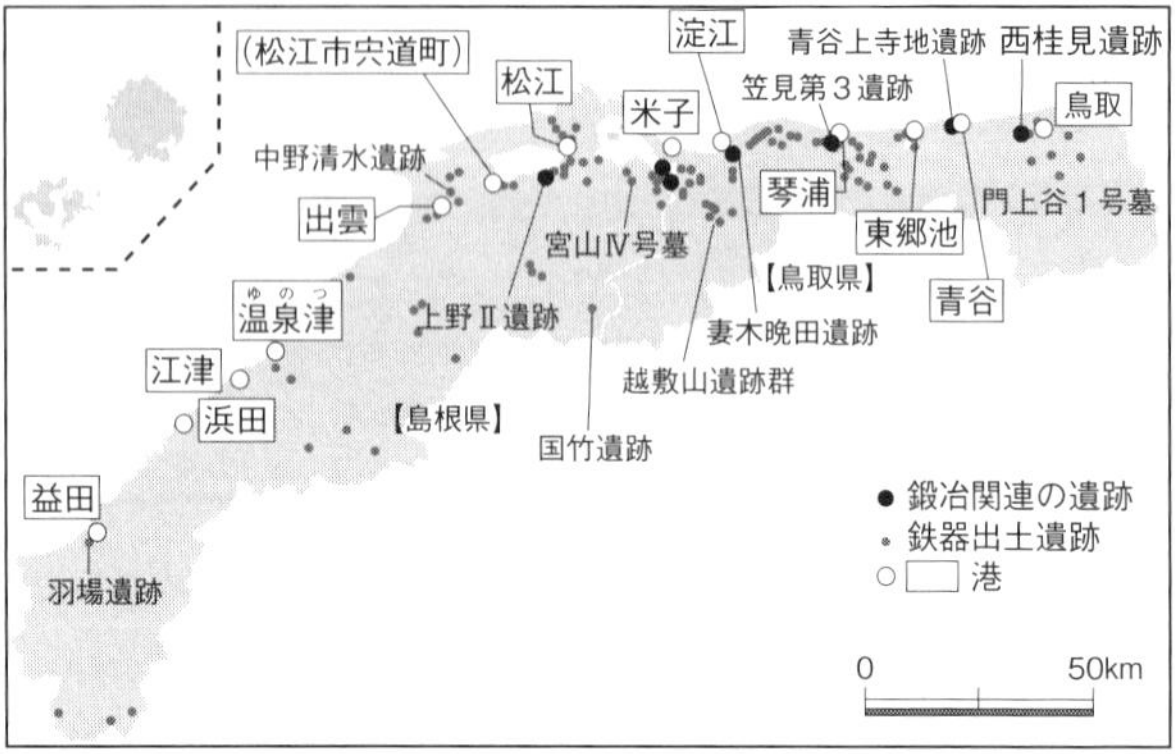

重なる鉄遺跡と港（参考文献：『海を渡った鏡と鉄』）

ら、下関・穴門、萩、益田、浜田、江津、温泉津《ゆのつ》、出雲・米子、淀江（妻木晩田《むきばんだ》）、東郷池、青谷（青谷《あおや》上寺地《かみじち》）、鳥取・湖山池、浜坂、香住、豊岡、久美浜、舞鶴湾、敦賀、邑知潟《おうちがた》といった北陸地方あたりまで鉄器とともに卜骨祈禱が広がっていると考える。この付近まで卑弥呼時代の倭国（耶馬台国のある範囲）であったと考えられる。

ただ、出雲と丹後や土井が浜遺跡、奈良浜遺跡などにはなぜか卜骨の遺構はない。日本海沿岸の浜や潟湖《せきこ》では、古い港の卜骨遺跡は砂丘の下に埋まってしまっているかもしれない。

そして、島根県と鳥取県だけの海岸線であるが上記の港と鉄の遺構を重ねるとぴったりと一致する。

丹後については、今のところ卜骨は出ていないが、肥後弘幸氏は、丹後では海岸付近の遺構を調査していないので卜骨が出る可能性はあるという。陸上部の発掘調査は行われているものの、海岸部での調査はまったく行われていないので卜骨が行われていなかったとは断定できないという。

平安時代に陰陽師の祈禱に代わるまで、卜骨はもっとも重要な祭祀であった。なぜもっとも重要であったか？　対馬海峡を往復して無事に帰還するのは至難の業であった。卑弥呼の仕事でもっとも重要な祈禱は「海上安全」であった。

卜骨（写真提供：鳥取県埋蔵文化財センター）

さらに、平安時代の遣唐使はよく沈み、神頼みの旅であった。八世紀に編さんされた『延喜式』によると住吉大社と陰陽師の祈禱師は、大使、副大使に次いで地位が高かった。ことほど左様に航海安全祈願の祈禱師は大変偉かったのである。後の平安時代になって陰陽師になってもそれは変わらず、権勢を誇った平清盛ですら陰陽師の指示には従わざるを得なかったことが記録に

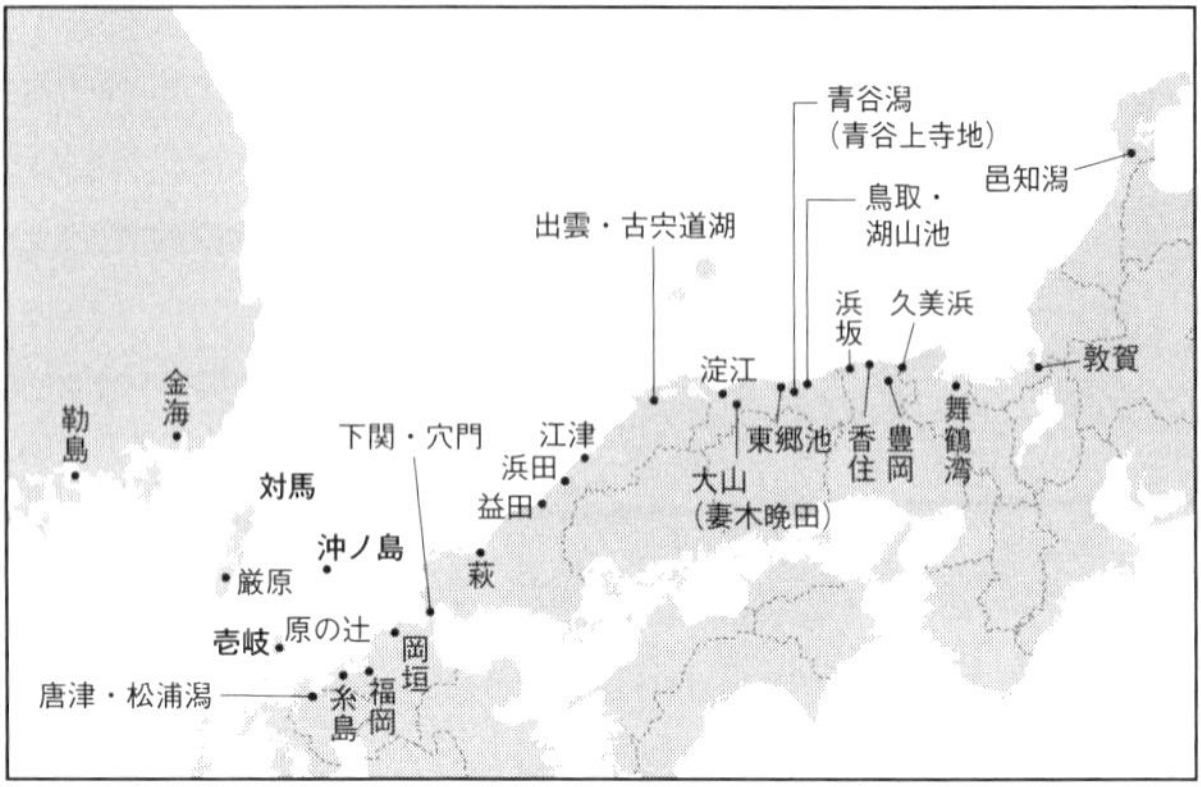

卑弥呼時代の倭国

残されている。海上安全の重要性が分からない魏の役人が、祈禱師の卑弥呼を女王と間違えても無理からぬところである。

卜骨の遺構で、紀元前後までは九州から山陰、丹後までが国家の範囲であったことがわかる。「倭国大乱」の喧騒が収まった古墳時代前期の三世紀には、倭国の交易範囲も東に延び敦賀から能登半島付近まで延びていた。敦賀や石川県中能登町の雨の宮古墳群からそれを窺うことができる。

二・五　なぜ離島や僻地から鉄のナイフが出土するのか

一方、神奈川県三浦半島、東京都伊豆諸島の利島《としま》など、常識を超えたはるか東の沿岸の漁撈集落の横穴から鉄器の出土がある。なぜ、そんなへんぴなところに鉄のナイフなどが出土するのか？

森浩一氏は「弥生文化というと、米をつくる文化という印象が強いが、米以外の漁撈民的な人々が非常に遠いところまで鉄器を運んだ」と述べている。私は、運んだのではなく偶然の漂着で、この漂着こそが文明の伝播と考える。鉄を運んでいて遭難したわけではない。西日本で鉄の刃物など道具を持って日常の漁をしていた倭人が、嵐で漂流し、はるか遠方まで漂着したものと考える。

横須賀市自然・人文博物館の稲村繁氏は、「関東の鉄の伝来はよくわからない」という。信州を経由、埼玉に来た鉄と漁労民族の漂流の鉄が、三浦半島付近で交差するが、海岸部の遺跡の鉄と関東北部は時代がかなり違う。土器も違う動きをする。海の漁師は塩とわずかの肉、魚の干物を持って動き、彼らが運んだ食糧・水や接待品を運ぶ土器はかなり遠くまで早く移動していたという。

この現象から導かれる考古学や歴史学の結論は、「太平洋の離島まで鉄器が漂着した」と表現すべきで、私の前作における「瀬戸内海は通れなかった」という表現も「交易が行われなかった」と記すべきであった。瀬戸内海では漂着、漂流によって文化・技術は多様な形で移動したが、鉄は違っていた。だが、たまには漂着もある。

奈良の唐古・鍵遺跡で発見された板状鉄斧もこの種の事象である。奈良県田原本町唐古遺跡から戦前に鉄錆びが付着していた鹿の角の柄が発見されたことから、奈良に鉄器が弥生時代に普及したと認定されたが、鉄器一つだけが偶然到達した可能性が高い。その事実は事実であるが、それを以て鉄器が普及したと論じることはできない。

台風の後、珍しい蝶を見かけることがある。これは沖縄あるいは遥か東南アジアから風で運ばれた迷蝶《めいちょう》であって、数日から数週間後には姿を消してしまう。

「瀬戸内海は船で通れなかった」という私の主張に対しては、様々なご意見をいただいた。「そこ（瀬戸内海）に人が住んでいるから船が通れるだろう、カヌーで通れるから『神武東遷』もありえる」という意見があったが、軍隊の移動や交易は、古代でも現在でも、一つ港を繋ぎ、尺とり虫のように基地をつくり進まざるを得ない。

縄文時代の人の船の移動は、自分の集落の周りだけであった。期間も十数日ほどで、同じ船で同じ人の移動だ。比較にはならない。

一方、遠賀川《おんががわ》土器の製造技術や稲作も、隣村から隣村と集落を繋ぎながら数十年あるいは百年以上掛かって移動する「伝播」である、交易とは次元が違う。

何よりも軍隊が移動できる水路、交易路として完成している水路は、そこに遺構があるが、瀬戸内海にはそれがないのである。

二・六　環濠遺構はなぜつくられたのか

弥生時代には環濠がある遺跡とそうでない遺跡がある。多くの歴史学者は疑問に感じ、様々な説が言われている。教科書には鉄器、青銅器の時代になって、剣や矛《ほこ》、鉄鏃《てつぞく》（やじり）がつくられ部族間の戦いが頻繁になって環濠が必要になったとされている。でも、それほど、戦争の跡は見られない。

稲作とともに階級や貧富の差ができ、収穫を巡る争いが始まった、鉄器・青銅器時代になって人間が戦い出してから……とも教科書にはある。だが、九州には石器時代から環濠遺跡があるのである。どうも違うようである。

旅という概念が日本の古代史から完全にすっぽりと抜けている。注目すべきは、旅でよそ者が通るために起きる軋轢《あつれき》である。地中海沿岸で一一世紀に十字軍が起きた原因に、エルサレム聖地への巡礼の増加がある。巡礼者らが最初に起こした略奪行為が報復を生み、大きな宗教戦争に発展していった。かの地では旅人が通るマチには城壁ができたように、日本では環濠ができたと考える。

日本最古の稲作遺跡といわれる福岡の板付遺跡、佐賀の菜畑《なばたけ》遺跡、そして吉野ケ里遺跡も、さらに海を渡った朝鮮半島の東海岸南部、現在の蔚山《ウルサン》の近くにある検丹里《コムタンリ》遺跡も、集落の周りに木柵を二重三重に打ち込んだ環濠が発見されている。どれも鉄器が渡来する前の紀元前四世紀から三世紀につくられた遺跡だが、明らかに交易が柵を生んだのである。

倭人が石器時代から西日本で交流・交易を始めたとき、集落や居住区付近を人間の集団が通るようになり、治安が悪くなったからと考えられる。ただし弥生時代には環濠がある遺跡とそうでない遺跡がある。纏向《まきむく》や唐古には当初環濠はなかったという。

面白いことに弥生人、農耕民族の遺跡には環濠があるが、遊牧民の遺跡には環濠はない。定住しないし、水がないからである。では、朝鮮半島南部はどうか。釜山の福泉博物館の学芸員の朴さんに、沿岸部の遺構について環濠の有無を尋ねたところ、「朝鮮半島の沿岸部の遺跡は高度経済成長時代に遺跡調査が行われないまま乱開発が行われたので年代も、遺構も十分わからない」という。どうも、釜山の沿岸部の遺跡は掘り返されてしまい、環濠があるかないかわからないようである。

しかし、高慶秀《コウキヨンス》氏によれば、三国時代の四世紀から七世紀、金海周辺では木柵、周溝付建物跡が低湿地に形成されたという。遊牧民の遺跡には環濠はない。やはり、定住しないし、舟がないからである。

京都府京丹後市の遺跡や青谷上寺地《あおやかみじち》遺跡には、矢で射ぬかれ、刀傷を受けたと考えられる遺体が数多く発見されている。突然集落が襲われたか、戦争状態になったと考えられる。とくに青谷上寺地遺跡には成人男性だけではなく女性、子供まで殺されており、一一〇例の骨に傷跡がある。

この弥生後期（二世紀後半）の発掘例を以て「倭国大乱」を語る人が多い。たしかに、通過する渡来人に運悪く襲われたのであろう。

九州、山陰にある沿岸部の集落だけでなく、鉄との交換財として冬場せっせと作ったガラス管、勾玉、研磨した玉の貯蔵庫、食糧倉庫も防護する必要があった。鉄の交換財として奴隷となって商品化される住民も守る必要があった。

また、「なぜそんなところに」と思われた環濠もある。例えば、島根県松江市の田和山遺跡では丘陵を三重の環濠が囲んでいるが、環濠の内側には一一棟の建物跡しか見つかっていない。実は、その隔離した場所に旅人を泊めたと考えると得心がゆく。尊重すべき客人を、安全に泊める工夫であったと考える。旅人は柵のある一カ所に泊めた方が安全であるからだ。

遊牧民の墳墓や積石塚については後で詳述するが、宿泊できる場所の目印として、暗黙の了解があった。当然、荒馬の旅である。ではなぜ、出雲の一部では旅人には環濠付の宿泊所を提供したのであろう。それは、拉致と収奪を防ぐためである。

韓国から鉄文化とともに、騎馬民族の拉致・収奪の文化も日本に伝播していた。環濠は集落の貴重な財産である鉄器、穀物だけでなく、拉致被害を防ぐ工夫があったのである。時代は移り人が鉄と交換される時代になった。巨大古墳や墳墓は、多民族の交易を進めるため進化した。これは後ほど説明しよう。

第三章

高句麗の南下によって生まれた「倭国大乱」

三・一　「倭国大乱」はなぜ起こったのか

肥後弘幸氏など、宮津市史編さん委員会が編纂した『宮津市史』（宮津市役所、一九九六年）に「弥生時代から古墳時代」という節がある。そこに弥生集落の崩壊が全国で起きていたことが記されている。

弥生中期後半、紀元前一〇〇年から紀元一〇〇年に高度な玉つくりの技術を持っていた奈具岡遺跡、弥生前期紀元四〇〇年以前から環濠集落を営み続ける途中ヶ丘遺跡、舞鶴市の志《し》高《だか》遺跡の集落は、いずれも弥生後期後半紀元三〇〇年頃に消滅している。後期から土器の出土量が極端に減る。人口減少である。北丹波の福知山市興《おき》遺跡、綾部市の青野遺跡も同様である。

丹後では、弥生後期の集落の様相が変わり、明らかな遺跡は少ないという。肥後弘幸氏は地域性豊かな特徴ある墳墓が出現して、新しい小国家ができていったという。

これが、本章で取り上げる、一～二世紀の「倭国大乱」の典型ではなかったろうかと考える。

中国の史書は「倭国大乱」をどう記しているのか。『後漢書』「東夷列伝」第七五と『三国志』『魏書』巻三〇「東夷伝」倭人条、いわゆる『魏志倭人伝』やその後の『梁書』、『隋書』の「東夷」倭条には、「桓帝、霊帝の時代（一四六年から一八九年）頃、倭国は長らく乱れ、何年も攻め合った、そこで、一人の女子を共に王に立てた。名は卑弥呼」とほぼ同じ内容が書かれている。

　これ以外、文献ではほとんど何も書かれていない。どうも中国では何かが起きているかわからなかったようである。

　前漢は、紀元前一世紀には政治的に不安定になり、国家として弱体化し滅びる寸前で、東海岸で起き始めていた高句麗南下の情報は摑んでいなかった。後漢や魏も同様である。松本清張は『邪馬臺国の常識』で、三世紀に魏が公孫氏を滅ぼし、遼東半島を取り戻したときに初めて、魏は高句麗の凄さがわかったのだと語っている。

　日本の歴史家はその原因について、倭国の王位継承争い説や地球寒冷化による土地収奪争いが起こったという説を提唱している。また、現実に吉野ケ里遺跡や青谷上寺地《あおやかみじち》遺跡の発掘現場から戦闘の跡がみられることで、小さな紛争だった、という説もある。一方で、伽耶地域の鉄資源や鉄器の輸入ルートの支配権を巡る争いとして畿内・瀬戸内連合と玄界灘の九州勢力との確執という見方もある。

弥生人は鉄器を持った渡来人の墳墓づくりに、鉄を手に入れるかわりに参画した。これが「倭国大乱」を生んだと私は考える。「大乱」というほどの戦争状態ではなく、鉄の交易が生んだ日本社会の「突然変異」であったと考える。

私はヨーロッパ社会で、古代から中世に至る間に起きたのと同じ現象「民族大移動」と同じ現象が、いち早くアジアで起きていたと考える。ローマ帝国が滅ぶきっかけになった有名なゲルマン民族大移動と同じ現象が、高句麗の南下で起きたと考える。

ただ、東アジアの場合、歴代中国政権が朝鮮半島の東側や南の紛争の状況を捉えていないため、文献記録が不明瞭だ。一世紀の高句麗の東進、南下が起こり、玉突き状態で日本に多くの鉄を持った難民が押し寄せ、争いではなく「鉄の爆発」というべき社会変革が起きたと考えた。これは一つの仮説である。

漢人が倭人という鉄を商う民族と出合い、朝鮮半島の南方、日本の状況の情報を得て感激し、同盟を結ぼうとした。倭人の方も二世紀頃、日本海沿岸で渡来人がやってきて拠点をつくり、トラブルが起き始めたため魏の力を借りたいと考えていた。『魏志』にいわく、明帝の景初二年の六月、倭の女王、大夫難升米を遣し……」という卑弥呼の話につながった。

それではゲルマンの民族大移動というのはどのような事件であったか？　三七五年にフン

族がゲルマンの一支族ゴート族を襲い、これをきっかけに、玉突き状態で各部族が西ローマ帝国内に侵入、混乱と、民族的同化、社会の変質化を引き起こした。これが一つの要因で四七六年、西ローマ帝国は滅んだ。

高句麗侵攻が、「倭国大乱」に結びついたとするこの仮説が蓋然性を高めるためには、三つのことが証明されなければならない。第一に同じような現象が世界のどこでも起きること、第二に当時の東アジア世界の歴史で、玉突きが起きたこと、日本の古代史にその傷跡がなくてはならない。第三に文明の衝突、文化の融合、新しい社会モデルの登場がなくてはならない。なお、ここでは渡来人という表現を避け漂着難民という表現にした。

第一の条件であるが、同じような現象は今も世界で起きている。一九六〇年代から一九七六年まで続いたベトナム戦争や、現在起きているイスラム国、シリア内戦では多くの難民が生まれ、一部はボート・ピープルとして地中海に落ちのび、沿岸諸国にたどり着いている。古代史でも、少し時代は下るが、秦氏の民族移動がある。

第二について、詳しくは『魏志倭人伝』にある。この有名な書は、『三国志』の中の『魏書』の中の第三〇巻「烏丸鮮卑東夷伝倭人条」の略で、倭人だけを記している。「倭国大乱」は倭人だけでなく、東アジアの中の当時の他の民族の動向を注視する必要がある。

すなわち、「東夷伝」には倭と朝鮮半島の前三韓の馬韓、弁韓、辰韓の他に、この時代高句麗と互角に戦っていた夫余《フヨ》、東海岸の弱小国である東沃沮《ヨクソ》、濊《ワイ》そして挹婁《ユウロウ》についての記述がある。朝鮮半島東海岸の国の動向に注意を払う必要がある。これは三・四で詳しく述べる。

第三は『ローマ帝国衰亡史』のエドワード・ギボンが喝破したように文化的な融合、習慣も移動する。そこで、「大乱」が日本と朝鮮半島全体で起き、それが日本国内の「鉄の路」に大きな変化が起きた事実を示そうと思う。

私は日本の「倭国大乱」が「鉄の路」に変化をつくり、前方後円墳築造の引金をつくったとする論を進めたいと考える。

三・二　朝鮮半島の地形「西船東馬」がつくった民族大移動

釜山博物館で、ボランティアの姜《カン》さんが、朝鮮半島の地形について流暢な日本語で説明してくれた。朝鮮半島は南北約八五〇キロ、東西約三五〇キロで、地形、気象は極端である。川が多く、リアス式海岸がある西海岸、荒野が続く東海岸。西海岸は北から鴨緑江《ヤールージヤン》、清川江《チヨンチヨンガン》、大同江《テドンガン》、漢江《ハンガン》、洛東江《ナクトンガン》などの多くの大河があり、その下流に肥沃な田園地帯と豊かなリアス

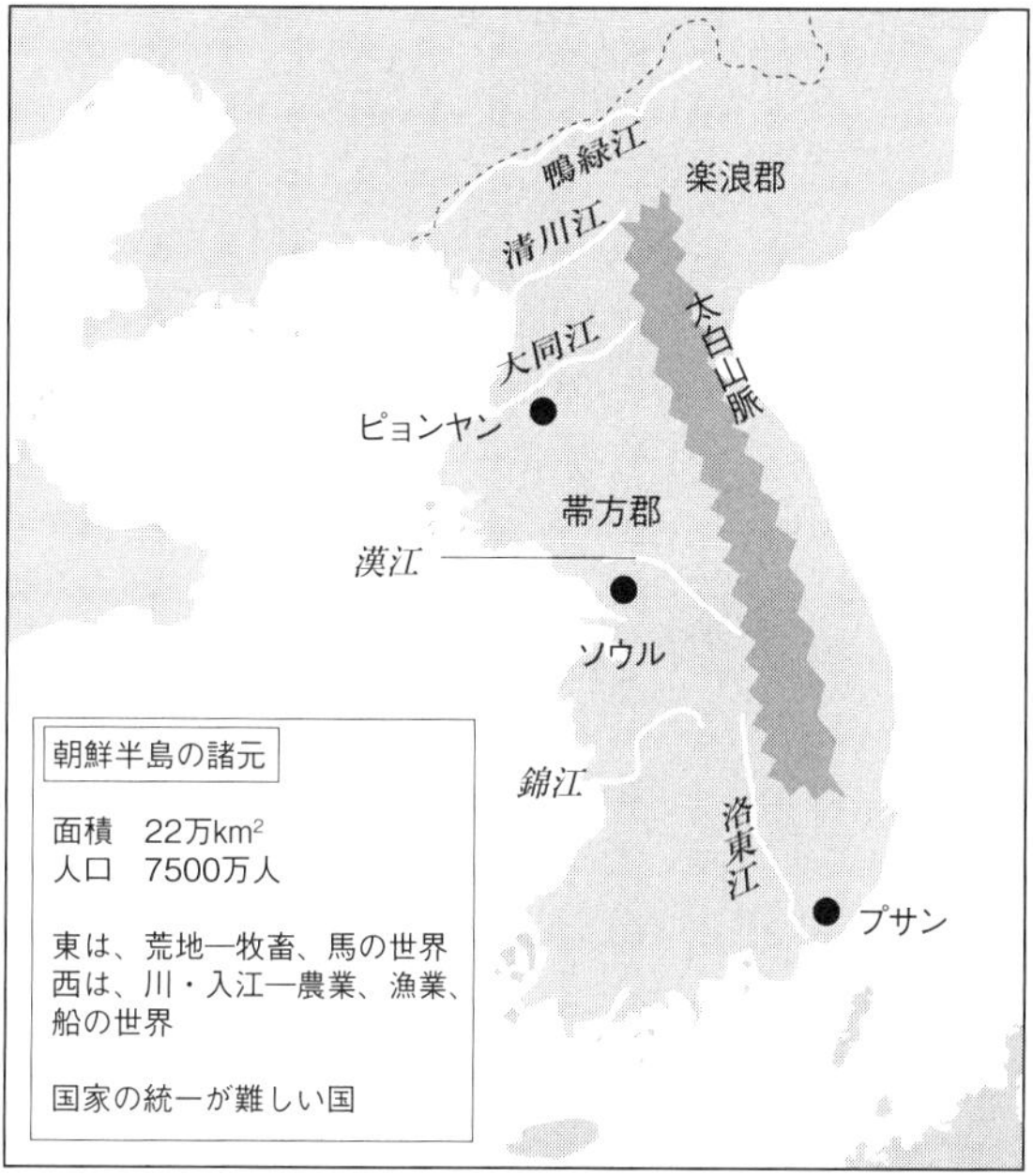

朝鮮半島の地形「西船東馬」

式海岸が続いている。

そして、半島中央に千メートルを超える峰が連なる太白山脈があり、その東側には季節風の関係で雨が少なく、耕地にならない荒地が続く。気候は亜寒帯、寒いので牧畜しか適さない。

朝鮮半島西部は益山《イクサン》、光州《クアンジュ》、木浦《モッポ》、順天《スンチョン》から釜山と比較的温暖なリアス式海岸であり、宗像海人族《むなかたかいじんぞく》に代表される倭人が育まれた九州北部と瓜二つである。幾筋もの河川が入り込み、内湾や潟で繋がり、外海と隔絶した穏やかな海が続く。そこには倭人が活躍する条件があった。

古田武彦氏はこの陸の道を主唱されているが、『魏志倭人伝』の時代は、さらに漢の時代も含めて物資が安全に輸送できた道かどうかわからない。鉄は西海岸を忠清《チユンチヨン》南道から全羅《チヨルラ》北、南道を経て慶尚《キヨンサン》南道に至る海岸線ルートが安全であった。

朝鮮半島西海岸も日本と同じく舟が重要な交通手段であったことは変わりない。地誌学的には「西船東馬」の国であった。朝鮮半島を見ると西海岸は北から南まで船で交易が進んだ文明国家で、東側の荒野は機動力のあらぶる騎馬民族の天国であった。そして、高句麗の南下を防ぐ手立てはなかった。

西側の国々は常に騎馬民族に襲われる宿命にあった。楽浪郡（現在の平壌）の場所は馬で山を越えれば、東から簡単に襲うことができ、漢も防ぎようがなかった。最初に起きた事件が高句麗の楽浪侵攻でこれが「倭国大乱」につながった。

三・三　「倭国大乱」の引金は高句麗の楽浪侵攻

中韓の歴史で両国が隠し続ける不思議な事件が、高句麗の楽浪侵攻である。

漢は楽浪郡の統治に手を焼き、二十余年で早くも占領した多くの地域を放棄、楽浪と玄菟《げんと》のみを残して滅びる。新を経て後漢になってまもなくのこと、「倭国大乱」の引金となる事件が楽浪郡で起きた。西暦三二七年、楽浪郡は高句麗によって突然、襲撃を受け、占拠された。後漢は、西暦四四年に水軍によって奪還、楽浪郡は元通りに再建されたとされ、中国の史書は大きくは扱っていない。

この事件だけでなく、朝鮮半島の歴史は、中国と韓国・北朝鮮とではかなり見方が違っている。『史書』の司馬遷に倣って、中国の歴史家、政治家は、朝鮮半島の歴史を内政問題として扱う。

漢、新、魏の時代まで四百年、朝鮮半島は自国の領土として、取るに足らない問題としている。現在のウイグル自治区や南沙諸島と同じである。そして、高句麗については、もともと鴨緑江《ヤールージヤン》の北に領土を持つ中国の辺境一国家であるから、外国からの侵略にあたらないとしている。

後漢は、高句麗に接する地域の統治は出費が嵩むので放棄し、替わって高句麗系の現地の濊《ワイ》族の夫余や貊《ハク》族の地方豪族といった力を借りた間接支配に切り替えたという。要するに代表部を置いて半島から撤退したのだ。戦略的撤退と語っているが、このとき、完全に高句麗に蹂躙《じゅうりん》され、大量の奪われた鉄が北や東に馬の背で運ばれた。後に二世紀に日本にやってくる素環頭鉄刀や鉄鏃が大量に東海岸に移動したのである。

一方、大韓民国と朝鮮民主主義人民共和国（北朝鮮）は、高句麗は自分達の国で、中国の外交部が置かれただけで、もともと占領されていないと主張、楽浪郡などの漢の植民地はもともと存在しないという。博物館にも楽浪郡の記述は一切ない。

半島の国は誇り高い国で、「侵略されたことは認めたくないのだ」と片付けられているが、果たしてそうであろうか。実態はどうも楽浪郡の外交窓口を残して、半島全体を高句麗が後ろで支配していた、二重統治がなされていたと考える。文献だけでは真実は見えないのだ。

中国も韓国、北朝鮮もこの高句麗の楽浪郡侵攻を大事件として扱っていないし、北朝鮮は楽浪郡の存在も認めていない。「倭国大乱」が見えにくい原因がここにある。朝鮮半島西海岸の大事件が日本に波及し「大変」を生んだのである。

三・四　地図から消えた朝鮮半島東部の中小国家

楽浪郡を侵略した際、高句麗は返す刀で朝鮮半島東海岸まで達している。この侵攻事件直後に、朝鮮半島の滅んだ国家もしくは難民となった民族を中国の歴史書から見てみよう。

「東夷伝」には高句麗と互角に戦っていた夫余、このとき蹂躙された東海岸の東沃沮《ヨクソ》、濊《ワイ》そして挹婁《ユウロウ》の厳しい状況が東夷伝の行間から読み取れる。

夫余は中国から見れば長城の北の遊牧民で、現在の東北地方、哈爾濱《ハルビン》、斉斉哈爾《チチハル》付近の平原の国である。すでに王がおり、遊牧民らしく馬、牛、豚、犬の官があり、四方の道を支配した。村には豪族がおり、下僕のように住民を使った。毛皮、玉を産し、遊牧と交易を行っていた。殷の正月（十二月）に天を祭り、国中集まって飲んで食べて踊る。家々に鎧や武器を持っていざというときに戦った。すでに鉄を得て戦い、戦争のときは牛を殺して蹄《ひづめ》を見て吉凶を占った。

早い時期から、夫余は高句麗・漢と激しい戦争を繰り返していた。漢の時代は中国に朝貢していたが、王莽が新を建国すると夫余は離反した。高句麗が楽浪郡を攻めたとき、挹婁《ユウロウ》、東沃沮《ヨクソ》など東夷諸国とともに後漢に助けを求めた。このとき高句麗は東海岸まで到達したとされる。

夫余の建武王は、高句麗侵略の一二年後の紀元四九年、朝貢の特使を送っている。倭の大夫より八年早い。光武帝はこれを厚くもてなした。しかし、安帝の紀元一一一年、夫余王は後漢を裏切り、七〜八千人を率いて、後漢の玄菟《げんと》郡を侵攻している。紀元一二〇年、夫余と後漢は和睦、安帝は倭の奴国と同様、印綬金綵を賜った。このときも、大量の鉄器が略奪され、多くの工人が北方に拉致されたと考える。

そして、翌一二一年、高句麗が一万の兵を率いて後漢の玄菟を囲むと、夫余は二万の兵を率い後漢に援軍を送り、高句麗軍を壊滅させた。やがて、夫余は遼東に移り、公孫氏の支配下になったが、周辺東夷諸国も公孫氏に帰属した。

紀元一世紀頃、後漢、高句麗、および夫余はアジアの三強で、絶えず戦いを繰り返していたが、そこに遼東半島の公孫氏が参戦したのである。夫余は公孫氏に与《くみ》したが、公孫氏が滅ぶと夫余は自然に高句麗に吸収された。三世紀、公孫氏が魏に滅ぼされると、夫余の村々は高句麗の略奪を受け、散り散りになった。鉄をつくる中国の独占技術は二世紀には朝鮮半島全域に広がったと考えるべきであろう。

挹婁《ユウロウ》は現在のウラジオストク、アムール川の付近の河川の河口に位置し、南は沃沮《ヨクソ》に接していた。気候は寒く、冬は川が凍り弓矢で獣の狩りをして生き抜き、川が通れる春になると漁をし、さらにヴァイキングのように船で他国を襲うことを日常の生業としていた。夫余に従属していたが、その後夫余と運命をともにしたと考えられる。その過程で、放浪の民になったと考えられる。

東沃沮《ヨクソ》は大河豆満江河口の羅先《ラソン》、清津《チヨンジン》がある現在の北朝鮮の東海岸にあった国である。

『魏書』の東沃沮《ヨクソ》の条によれば、この国は高句麗など大国の狭間でついに高句麗に臣属せざるを得なくなった。一世紀に高句麗はこの地を押さえ、軍を置き、統治し重税を課した。毛皮、魚、塩海産物を治めさせ、その地の美女狩りをおこない、都に送り、婢妾《ひしょう》とし、最終的に住民をすべて奴隷の如くに扱った。

東沃沮《ヨクソ》からも大量の難民が出た。沿海州の海岸から日本列島は近いのである。半島東側の沿岸集落は海洋民族もおり、日本海を漕ぎ進むことができた。しかし、夏になると北の挹婁《ユウロウ》の海賊に襲われるため、夏は山腹の洞窟に隠れ住み、冬は海が凍って船が出せなくなる季節に海岸集落に下ってきたという。この行動は瀬戸内海の高地遺跡の住民の行動とよく似ている。

濊《ワイ》は、北朝鮮の日本海側の海の玄関元山《ウォンサン》から南北の国境三八度線を越え東海《トンヘ》付近に至る朝鮮半島東海岸に沿った国である。幾つもの山と小さな川があり、土地は痩せていた。麻布を織り、蚕桑（かいこ）を飼って絹布を織り、緜《まわた》をつくった。気候と星でその年の豊作・凶作を占い、高句麗と同じく常に十月に祭りをし、歌い踊った（舞天）。後に、新羅になる国である。

高句麗の侵攻によって朝鮮半島の北半分は高句麗領になって、高句麗の圧政、残虐行為に耐えかね、これら国々の住民も難民として南に移動し始めたことは想像に難くない。最初は東沃沮《ヨクソ》、次に濊《ワイ》からの大勢の難民が南下を始め、一部は海に逃れボート・ピープルになった。

大河川を背後に持ち、舟運が発達した東沃沮《ヨクソ》や挹婁《ユウロウ》からも秘密裡に船をかき集め、筏をつくり部族ごと逃げ出したと考えられる。日本へのルートは石器時代の昔から黒曜石、サヌカイトなどのルートが口伝えされていた。

星座で吉凶を占う、十月に盛大な祭りをおこなう。これは出雲の大祭と似ている。濊は四世紀後半に新羅に吸収される。平安時代、新羅寇として海賊がこの付近から日本に繰り返しやって来たのもこれで理解できる。

三・五　難民達はどのように日本海を渡ったか？

東沃沮《ヨクソ》や濊《ワイ》の沿岸の民は縄文時代から海流に乗れば日本に来られることを知っていた。それはなぜか？　日本海には、暖流の対馬海流があることは知られているが、もう一つリマン海流という聞きなれない海流がある。そして、見落としてならない要素に隠岐の島の黒曜石があった。

リマン海流はロシアの沿海州、北朝鮮、韓国東岸に沿って反時計周りに流れている寒流で、朝鮮半島東海岸からこれにのり、しばらくして、対馬海流にのりかえ、東に流れて山陰から北陸のどこかに漂着する。これは隠岐の島の黒曜石が東に流れていると同じで、対馬海流にのって漂着する。

高句麗の侵攻の結果、難民となった彼らは、日本海に自由を求めた。極彩色の壁画で有名なキトラ古墳が、遊牧民の脳と行動様式を示しているのである。

東西南北を示す青龍、白虎、朱雀、玄武の四神図と、宿星図が石室に描かれた円墳として発見された、このキトラ古墳は何を意味しているのか？

この古墳の四神図と天井の宿星図は、この塚の主が黄泉の国で数百、数千の家畜を連れて草原を旅するために欠くことができない位置情報を示しているのである。放牧生活の中で、草原の塚と夜の星空は、彼らが旅をする上で、自分の位置と進むべき道を教えている。家畜を追いながら、夕闇の同族の塚にたどり着き、客として村に迎え入れられ、歓待される。

遊牧民の脳は彼らのテリトリー、すなわち彼らが行動する範囲を塚のネットワークとして把握していた。海でも同じであった。塚を墓形にする高句麗系遊牧民は日本海に出たとき、星を見て進むことができた。彼らの船旅の流儀は、遊牧のときと同じで、塚はないが海岸地

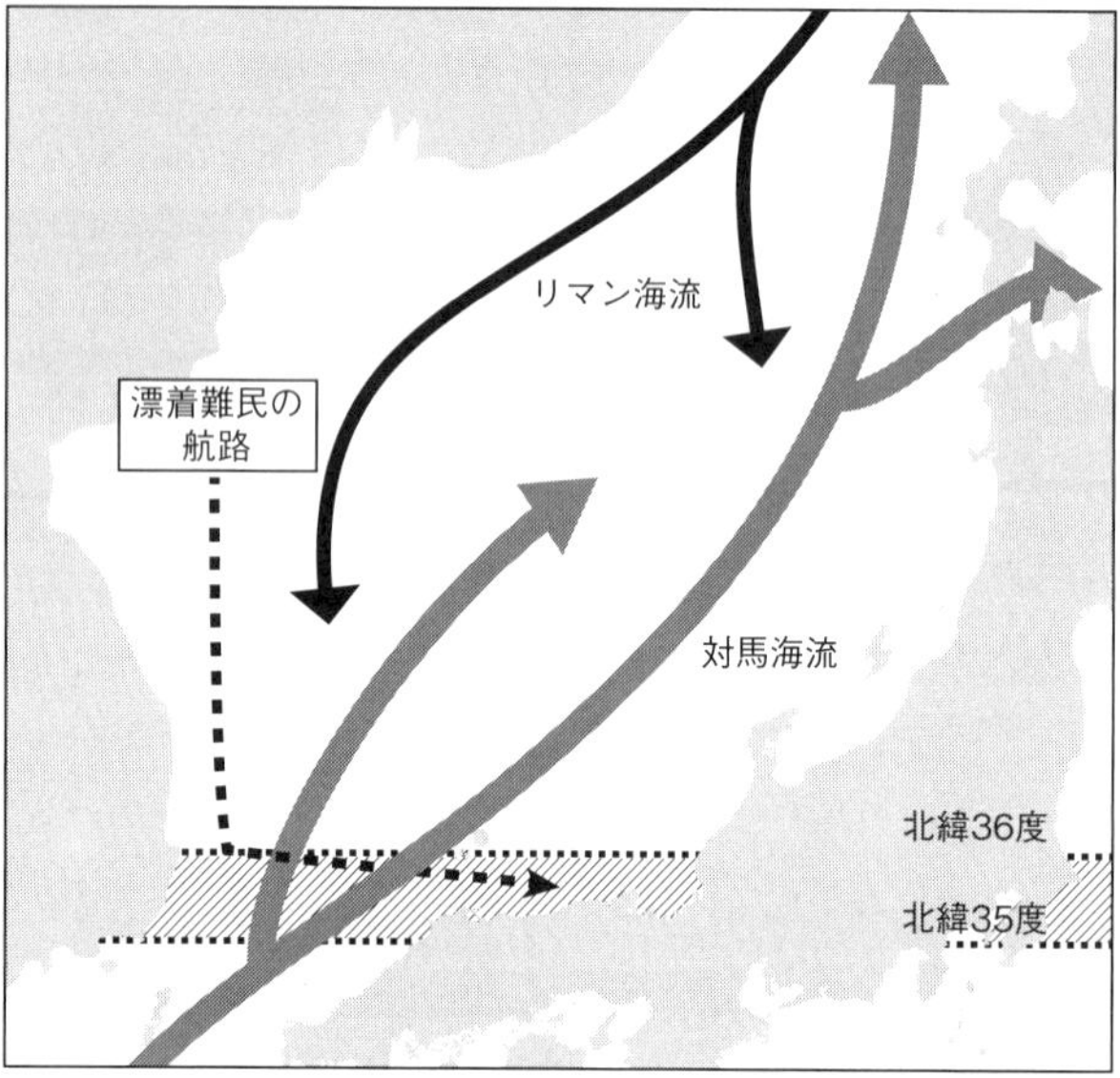

漂着難民はリマン海流と対馬海流にのってやってきた

形が塚となった。

隠岐の島と出雲半島、丹後半島といった目立つ島・半島は日本海で見つけやすく、すぐにたどり着けた。

リマン海流に乗って南に船を進め、北緯三五度から三六度の海域まできて、対馬海峡にのる。そのまま星を眺め東に進むと隠岐の島、出雲から丹後半島、北陸を結ぶ海岸線に行き着く。言い替えれば、北極星を五五度から五四度を眺めるところまで漕ぎ下ればだいたいのところに着く。大草原を星を見ながら旅をするのと同じ流儀である。

前に述べた倭人の対馬海峡横断の

流儀と漂着難民の航海には大きな違いがある。倭人は細身の舟で速度を上げて一日毎に航海する。漂着難民は五〇〇キロメートル以上の距離を大きな船で潮と風で漂流する。日本海を渡るには、海の上で指の数以上の泊を重ね、海の夜の星で自分の位置確認しながら漂うように進んだ。夕暮れの太陽の位置、出始めた北斗星や他の星の位置と海岸地形で自分の場所を割り出さなければ、大海をさまよい海の藻屑と消えることとなる。運が良い難民船だけが陸地にたどり着けた。

出雲半島と丹後半島が人気であったのは、海の中に出っ張っている地形が目印になり、多くの難民がこの二つの場所にたどり着きやすかったためだ。結果、この二つの半島は日本海沿岸の他の倭国と一味違う国になった。

三・六　日本海を渡る知恵——準構造船の技術革新

朝鮮半島から五〇〇から七〇〇キロメートルの日本海を漕ぎ抜くには、細身の倭人の丸木舟では不可能であった。だが、難民達はどうしたのであろうか？　想像の域を出ないが最初は筏を組んだかもしれない。あるいは丸木舟を平行に複数結わいだかもしれない。

幅広の舟で、漕ぐ人が代わりながら潮に乗ってゆっくり進む。櫓で進路を保持しながら、

福井県坂井市の井向遺跡の銅鐸に見る「卑弥呼」時代の外洋渡航船（資料提供：辰馬考古資料館）

漂着難民の船は家族、部族の食糧、水を積み、一〇日以上掛かって日本に着く。それがやがて、次の時代の準構造船になっていったと考える。準構造船とは造船用語で半構造船ともいう。木材を棚のように組んで波除板を設けた、幅広の少し大型の外航船を指す。外洋を数日も連続して航行できる。

私は紀元三世紀の倭人は「倭国大乱」で準構造船という技術を得たのではないかと考える。帆走技術も得たかもしれない。対馬海峡を全力で漕ぎぬくだけでは大量の人や物資を運べない。どうも「倭国大乱」で半島東海岸から潮に乗ってゆっくり流れ着くような航法が一般化したようだ。これによって馬が運ばれるようになった。

五世紀初めからの古墳時代中期、「倭の五王」の時代に、舷側板という波除板を継いだ幅の広い準構造船が一斉に登場する。これは全国の古墳の遺構や埴輪、例えば、宮崎県西都市西都原古墳の重要文化財の船形埴輪、大阪府八尾市久宝寺遺跡、四条畷《しじょうなわて》市の船材遺構、京都府京丹後市のニゴレ古墳の埴輪、福井県坂井市の古墳から出土した銅鐸の図柄からも窺える。だが、弥生時代のそれ以前の遺跡から準構造船は出土していないのが、「倭国大乱」のなせる業である。

一九八九年、大阪市制百周年記念行事として、大阪市長原高廻り古墳から出土した船形埴輪と大阪府四条畷市蔀屋《しとみや》古墳で出土した大船の遺構から古代の準構造船を「なみはや」として復元、大阪南港から福岡経由で釜山まで実験航海をした。目的は「倭の五王」時代の航海の再現であった。

しかし、主催者はその航海は失敗であったという。船体は不安定で、鈍重、ほとんど漕げず、大量のバラストを積み、夜間、タグボートで進み、七五日掛かったという。この船では瀬戸内海は渡れるが潮の流れが速い対馬海峡は難しい。

だが、準構造船は違う。日本海、瀬戸内海をゆっくりわたる。河内湖で浚渫土《しゅんせつど》をゆっくり運ぶ、そんな船である。航海の流儀が違う、もっとゆったりと進んだ。

小さな細身の手漕ぎの丸木舟の時代から、卑弥呼の時代からの準構造船、五世紀頃の応神天皇の帆船へと次第に大きな船に変化しながら鉄は運ばれたと考えるが、その系譜は未だよくわからない。技術の進歩といえば、それまでであるが、準構造船が突然古墳時代に出現し、ついで帆船がいつのまにか登場する。

紀元一世紀頃の遺跡に準構造船が現れてもよい筈であるが、実際には四世紀以降古墳時代に突然現れる。石井謙治氏は古代和船の構造船は腐食しやすいから残っていないというが、それにしてもそれ以前に一隻も出土してないのは不思議である。朝鮮半島から渡来人が持ち込んだ造船技術があるかもしれない。

日本海には別の海洋民族がいたことも忘れてはならない。「三・四」で説明した、後に新羅人になる東海岸の濊《ワイ》や挹婁《ユウロウ》は、暖かい季節になると船で他国を襲うことを生業とし、日本に来るのは難しくなかった。

西暦五七〇年、『日本書紀』によれば、能登に漂着した高句麗船の使節は日本にはない大型船であったし、女真の船は平安時代日本を度々襲っている。これらの文献と二、三百年前の弥生後期の歴史を結びつけるには無理があるかも知れないが、倭人とは別に船を操る幾つかの東海岸の海洋民族の助けによって、高句麗が倭人ルートと別の日本海ルートの交易路を開いた可能性は否定できない。この東海岸の不思議な民族がこれから起こる「倭国大乱」や後の新羅寇（韓寇）の参加者になったと私は考える。

赤羽正春氏（「日本海で交錯する南と北の伝統造船技術」『神奈川大学国際常民文化研究機構年報第二号』二〇一〇年）によれば、時代はわからないが、沿海州には別の海洋文化があったという。冷たい水から乗り手を守るために凌波性に優れた船を造ったという。突然の準構造船の技術が日本に登場したのは「倭国大乱」の結果と考えても不思議ではない。

第四章

「倭国大乱」の実像と発掘された「鉄の路」

四・一　『播磨国風土記』の新羅の王子は漂着難民

半島の一世紀前半の出来事は、日本の『播磨国風土記』の播磨の新羅の王子の来襲とぴったり符牒があう。別の国で起きた事件をドミノ倒しのようにこの事件に結びつけると「倭国大乱」が見えてくる。

『播磨国風土記』の物語に、天日槍命《あめのひぼこのみこと》の物語がある。渡来神として崇められている新羅の王子が突然播磨に来て、淡路島を占拠した。王子は勢いをまし、拠点を広げ、地元の勢力と争って但馬の円山川流域を支配、豊岡の出石《いずし》にも拠点を置いたという説話である。これは、円山川《まるやまがわ》河口から姫路の方に権益を確保したという内容を示している。

それを裏付けるかのように、一世紀頃に淡路島には製鉄遺跡五斗長垣内《ごつさかいと》遺跡ができ、近畿最大の鍛造製鉄所として操業していた事実が、遺跡の調査からわかっている。ここで円山川から市川、揖保川まで抜ける「鉄の路」ができたことがわかる。最初の畿内への「鉄の路」である。だが、彼ら、天日槍の一族は漂着難民である。

但馬地区でも、円山川に沿って弥生後期前半、紀元一〇〇年から三〇〇年頃の東山墳墓群・立石墳墓群があり、豊富な鉄製品、ガラス玉が出土している。いずれも他にはない豊富な鉄製品が小さな墳墓から出土している。難民が財物を持参したのだ。弥生後期には九州を上回る量の鉄器が出土する場所が続出、古墳時代に繋がる。

播磨国に来襲した王子であるが、新羅の王子ではない。この時代、新羅という国はない。濊《ワイ》の部族のボート・ピープル、いわば漂着難民であろう、後に潤色が行われ王子と呼ばれる家柄になったのであろう。

四・二　鉄の副葬品を有する異形墳墓の大量発生

一世紀頃、正確には世紀末前の日本の墳墓には、縄文時代からそのまま土に埋める土壙墓、中国、朝鮮半島の影響を受けた甕棺、周溝墓、朝鮮半島の影響を受けた支石墓などがあった。ところが突然、全国的に見たこともない四角い積石塚が増え、後に円墳が増えるなど、多様な墳墓が至るところでできる。二世紀から七世紀、古墳時代晩期まで続く。

丹後では弥生中期後半、紀元前一〇〇年から紀元一〇〇年頃に大小数多くの方形貼石墓《はりいしぼ》（盛土のまわりなどに石を貼っている墓）が出現し始める。舞鶴市志高遺跡、宮津市難波野遺跡、与謝野町日吉ヶ丘墳墓、同寺岡遺跡、次に台形状の貼石をしない京丹後市三坂神社墳墓群、赤坂今井方墳などが竹野川を見下ろす山の上につくられた。台形墓は西暦二五〇年頃に

天橋立を望む大風呂南墳墓（写真提供：与謝野町教育委員会）

竹野川流域の大田南古墳群を以て終了する。ただ、阿蘇海（天橋立）や宮津湾付近では角墳、円墳の製作は続く。

丹後では古墳時代になっても間断なく異形の墳墓は増え続ける。丹後に間断なく漂着難民が来たことと無関係ではない。

その後、丹後半島の付け根にある大風呂南遺跡、竹野川流域の三坂神社墳墓群、金谷墳墓群、赤坂今井墳墓など時代は違うが共通しているのは素環頭鉄刀、鉄鏃、鉄器など鉄の副葬品が大量にあり、鍛冶跡もあることである。この地が長く、大陸、半島と独自の交易を続けていた証である。

森浩一氏の鉄斧の話にあるように、日本人は手先が器用ですぐに加工を始めた。鳥取県の妻《む》

青谷上寺地遺跡の鉄製品（写真提供：鳥取県埋蔵文化財センター）

木晩田《きばんだ》遺跡、青谷上寺地《あおやかみじち》遺跡に代表される日本海沿岸の倭国の諸都市は板状鉄斧や槍鉋《やりがんな》など生活必需品をつくり始めた。倭人の交易船で九州から日本海沿岸に運ばれていた小さな鉄片とは種類が違う大量の武器、工具が、これらの遺跡では出土している。

これらは朝鮮半島で武器として使われた鉄器が、妻木晩田や青谷上寺地で耳を切られ、潰されて、斧や槍鉋に加工されたものである。海を渡り、山を越えるには多くの船が必要で、そのための工具として槍鉋、鉄斧の量産は必要であった。

青谷上寺地遺跡から高坏《たかつき》、壺、桶、椀、箱などの約千点の木工容器が見つかり、ここの木製品は九州から北陸地方まで輸出された。

その製作には細工用の鉄器も使われた。ここの鉄器は九州からのものではなく直接朝鮮半島から来た舶載品が数多くある。倭人の対馬海峡の「鉄の路」とは違う路があった。

京丹後市の奈具岡遺跡は玉造りをする集落であったが、石材を加工するために石錐《せきすい》、石鋸《いしのこぎり》などとともに精緻な鉄製工具が紀元前の遺構から出土している。

四・三　信州における不思議な大陸との交易

信州では、「倭の五王」の時代以前に内陸の遊牧民が定住したらしい不思議な集落遺跡がたくさんある。石川日出志氏『農耕社会の成立』（岩波新書、二〇一〇年）は、朝鮮半島南部から北陸におよぶ鉄素材や鉄器を主とする物資の流通を推測し、北陸から長野県を経由して朝鮮半島の鉄器が関東地方まで普及していったという仮説を発表している。

信州では木島平《きじまだいら》村の根塚遺跡をはじめ、長野市檀田《まゆみだ》遺跡・春山B遺跡・篠ノ井遺跡群など、佐久市北一本柳遺跡・北西ノ久保遺跡などで、弥生後期前半の紀元前一世紀前後の鉄鏃、鉄斧、刀子、鉄釧《てつくしろ》（腕輪）などが報告され、一世紀頃の墳墓から副葬品として、当時、九州にしか到達していなかった珍しい素環頭鉄刀、鉄鏃が副葬品として大量に出土している。

群馬では、畿内より半世紀ほど遅く前方後円墳が登場しているが、高崎市の観音山古墳、同保渡田《ほとだ》古墳群、同上野国八幡観音塚《こうずけのくにやわたかんのんつか》古墳、前橋市の天神山古墳では舶来と思われる銅鏡、鉄製太刀、馬具、刀、鉄青銅製品が出土している。石川氏の「大陸と独自に交易をしていた」という仮説は「倭国大乱」を裏付けるものである。

信州に九州やヤマトから馬具や刀剣類が運ばれ続けたとするには、輸送路から考え、途中の日本海沿岸、中部地方にも同じものがなくてならない。それがないのである。

四・四　川を上り南に向かった無数の光る塚

彼ら漂着難民は橋頭堡を海岸につくったあと、谷筋を南下し始める。なぜ、南に向かったか？　それは冬の釜山を訪れてわかった。

今年の二月の真冬日であったかと思う。日中でも氷点下六度、釜山の博物館からの帰り地下鉄一号線に乗って、日本語で書かれた釜山博物館の資料を眺めていたとき、隣の清楚な老婦人が、流ちょうな日本語で「日本の方ですか？　どちらからですか？」と話しかけてきた。

「東京です」と答えると、しみじみ、「日本にいたときは本当によかった。東京、大阪に住んでいましたが、日本人はやさしいし、本当に日本は住みやすい。もう一つ、この国の冬の寒さは本当に耐えられない」とため息をもらした。冬はほとんど毎日が真冬日であるという。この老婦人の願望のように、漂着難民は暖かいところを目指したのである。

西日本、中国地方から北陸の谷筋に、調査されていない石積塚や円墳が数多くある。これらは遊牧民たちが列島を越えた足跡である。前に進むものは塚を造り、後に続くもののために道を造った。続く者はそれを敬いながら進んだ。

古代の河川の流れはどんな状態であったか？　日本海での蒸発量が多く、雨や雪が多く降った。一方明治以降全国の河川が、都市の水道や工業用水に使われ始めた。現代と比較すれば、川の水量は昔の方がはるかにあった。

そして川は現在より急峻で、渡るのには難儀をした。明治から大正期の多摩川や木曽川の筏下り、土砂運搬船の写真などから、近代化以前の川の状態が想像できる。現在の日本の河川は、ほとんど水がないところも多いが、昔は洪水時と間違えそうな流れがあった。日本全国、山は鬱蒼《うっそう》とした巨木が繁茂し、川や谷には滔々《とうとう》と水が流れていたと考えられる。

川筋にある古墳、墳墓に高さが必要なのは、洪水の際の避難場所であったとも考えられる。そんな国土の移動を考えて見よう。谷を歩いて上るわけではない。舟を川から川へ曳いたのである。

弥生時代は集落を一歩出れば、橋などはおろか人工の道もない。けもの道は道路とは言わない。遊牧民が馬とは勝手の違う舟を操り、川を遡る場合、流域の人々の手伝いなしでは、旅はできなかった。彼らは必然的に地元弥生人と融和しながら、海岸で小さな丸木舟をつくり、助けられながら谷筋を上った。

近畿地方の河川に沿ってみられる数多くの墳墓は、同族の舟の航行を助けた漂着難民の一里塚でもあった。激流に腰まで浸かりながら、川の知識のある弥生人に助けられて舟を上げ、また、それを下ろす。やがて、その作業を助ける集落ができ、その目印が、後述する「光る墳墓」で、旅人が休める場所となった。

民俗学者の宮本常一氏は、舟についてまとめた最晩年の文章で、古代人は川も海も区別なしに舟によって往来したと述べている。また、夜は舟を陸に上げて、宿泊したのであろうとも想像している。

四・五　なぜ、光る貼石墳墓をつくったのか

弥生時代の日本の墓制は最初、甕棺、土壙墓で、目立つものではなかった。一世紀に増え

始めた光る貼石墳は、これらとは明らかに異なる様式で、夫余や高句麗系の遊牧民の墳墓と酷似している。

夫余や高句麗があった現在の中国の東北部と北朝鮮に、この光る塚は広く分布している。貼石墳は、墳墓の斜面に鉢巻のように石を貼って光を反射させ、遠くからも薄暮でも見えるようにしたものである。当時は現代のビルのような光る人工構造物はなく、遠くからも視認できた。

これは遊牧民が命がけで海を渡ってきて、日本で落ち着いて先祖を敬い始めた証である。四角の貼石墳は一世紀に、日本海側の鳥取県より東の海岸、河川から瀬戸内海側にかけて現れる。少し後に新羅の円墳が突然現れたが、それは「倭国大乱」とは別の新しい時代の移住である。

なぜ、光る墳墓が流行したのか？　それは遊牧民の本能からであった。遊牧民の旅の流儀は、塚を物標とし天を仰ぎ、星を見ながら平原を旅する。塚は遠くから視認できる旅のランドマーク、一里塚でもあり、薄暮でもわかる自分のテリトリーの目印である。

「塚は墓である」と考えていると、古墳の秘密は解けない。遊牧民の脳、思考を考えることこそが、日本の陵墓の謎を解いてくれるのである。

遊牧民は日本に来ても海岸に川筋にこの一里塚をつくり続けた。周囲の山と区別し、自分の部族の通り道を目立つように貼石をした。丹後、丹波や播磨の河川に沿って無数の光る塚が見つかっており、さらに目立つように貼石だけでなく、円筒埴輪まで配置した墳墓が吉備と大和でつくられ始めた。古墳時代のこの貼石を葺石《ふきいし》と呼ぶ。

目標、目印がなければ谷は進めなかったし、その目印の場所に安息の夜が待っていた。ハンザ同盟の旅人も同じように物標を目印に進む。彼らの旅の目印は教会の尖塔である。代表的なハンザの都市である、ドイツのハンブルクの近くのリューベックや、ベルギーの古都ブリュージュで説明しよう。

これらの町は、今もその水景美を残しているが、これらの町に至る道（運河）はポプラなどの防風林で守られた水路・道路で、自動的に街の中心教会の尖塔に向かうように整備されている。尖塔までは道がある。商人は、暑い夏は日陰を、寒い吹雪のときは風よけに防風林に守られ、下を向いて進んでも教会の尖塔の傍に着くようになっている。教会の塔はハンザの旅人のランドマークである。

新羅の王子、天日槍《あめのひぼこ》伝説のある円山川の上流の分水嶺に近い兵庫県朝来《あさご》市には、五世紀初頭の但馬地区最大の光る前方後円墳である池田古墳がある。三段で、葺石で覆われている五世紀初頭の古墳だ。円山川の川筋には角墳、円墳から前方後円墳もあるが、共通するのは古墳が光って日本海から瀬戸内海に向かう人の道を照らしたことである。この分水嶺ちかくに大きな光る前方後円墳ができたのは当然である。

四・六　突然できた日本海の鉄の集落

全国に鉄鋼の鍛冶遺跡が普及するのは七世紀以降であるが、鉄の小鍛冶はもっと早い時期に、突然変異のように日本海沿岸で数多く現れた。

必ずしも「倭国大乱」の時期とは合致しないが、丹後半島では、弥生中期前半から中葉（紀元前四世紀から紀元前二世紀）の扇谷遺跡（京丹後市）、日吉ヶ丘（与謝野町）をはじめとして三〇カ所以上の古代製鉄遺跡が登場している。「倭国大乱」の時期、弥生後期後半にあたる紀元一〇〇年から二〇〇年頃、丹後半島の付け根にある大風呂南遺跡、竹野川流域の三坂神社墳墓群、金谷墳墓群などが、大量の副葬品、鍛冶跡とともに登場する。

信州や北陸にも、弥生時代から内陸に遊牧民が定住したことを示す、鉄の鍛冶跡がある特異な集落遺跡が登場する。長野県中野市柳沢遺跡、福井県鯖江市西山公園遺跡、石川県小松市八日市地方《じかた》遺跡などである。

結論からいえば、「倭国大乱」前から、倭人とは違う騎馬民族系の民族が日本海に到来、石塚、円墳をつくり、数世代を経て日本列島を横断する鉄のルートをつくり、その過程で数多くの鍛冶遺跡もつくった。

これらの鉄のマチには、朝鮮半島で行っていた鋳鉄を溶かして鋳型（鋳范《ちゅうはん》）にはめこむ大量生産で生まれた製品や、高温で熱処理をし脱炭をした鉄を持参していたが、鉄の破片を接着して大型の鉄器をつくる熱処理技術まで持ち込んだわけではなかった。

日本海側の漂流難民がもたらした技術の多くは、小さな鉄器、鉄片を叩いてつくる原始的な遊牧民の鉄の加工技術で、やがてすべてその地で途絶えた。

六世紀後半、日本ではたたら製鉄技術が登場するまで完全な製鉄技術はなかった。野島永《ひさし》氏は「日本列島では紀元前三、四世紀に中国春秋三国時代の鋤鍬刃先を輸入してから、列島内に鉄資源を見出し、鉄の製錬に向かうまで八百年ほどの隔たりがある」と述べている。

四・七　国際港湾都市出雲——漂着難民がつくった港町

なぜか「倭国大乱」時期に四隅突出型という不思議な墳墓が広島の三次市に出現する。この四隅突出型墳丘墓は、渡来が一段落した百年後の二世紀半ばに、鳥取、島根から石川、富山各県の臨海部に広がった。総数一〇三基に達したという（相原精次・三橋浩『東北古墳探訪』彩流社、二〇〇九年）。

この墳墓は四足のヒトデのように足を中心から周囲に張り出し、そこに葺石をした形から四隅突出型と呼ばれる。これも「倭国大乱」の一つの現象であろう。従前の倭人の交易ルートと重なる形で共存する。

二世紀後半には、出雲市に王墓として、最大の四隅突出型墳墓である西谷《にしだに》3号墳が登場する。この3号墳の土器を調べると出雲だけでなく、出雲で六割、丹後から北陸で三割、吉備（岡山）で一割と全国広く交易をしていたと考えられている。3号墳は王墓で、大勢で「共飲共食の儀式」を墳墓で行っているとされている。私は、儀式だけではなく、夏場の時期、毎日のように来る船をもてなしたと考える。

ここの副葬品を見ると、九州以外では手に入らなかった鉄の船載品が数多く出土している。

詳しくは後に述べるが、大宴会がここで日夜行われたと考える。漂着難民による交易が定着し、渡来人の宴会が開かれた。

四隅突出型墳丘墓（写真提供：時事）

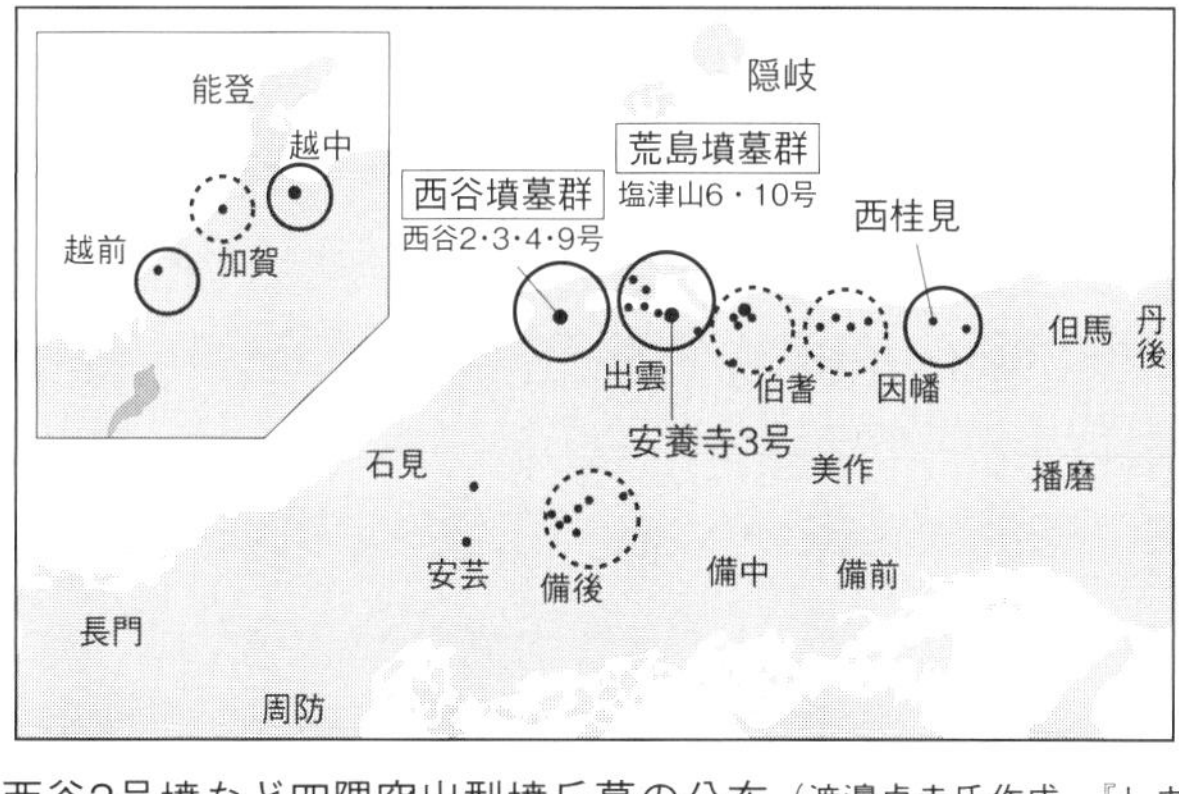

西谷3号墳など四隅突出型墳丘墓の分布（渡邊貞幸氏作成、『しまねの古代文化』第15号［2008］所収、一部改変）

西谷墳墓群から東にある安来市《やすぎ》の仲仙寺墳墓群でも、数多くの「四隅」が造られた。「四隅」は形も石の並べ方も同じで、北は隠岐の島、東は北陸まで広がり、この「出雲」形式の接待所は旅人にサービスを提供し、国際的な地域連携を形成する一助となったと想像できる。出雲と丹後は国際都市になったのだ。

四・八　古墳と鏡、卜骨が語る出雲の不思議

ついで、出雲地方には、三世紀後半から島根半島の西端、出雲市の西谷墳墓群と対峙する形で、東端の安来市に荒島古墳群が突然登場する。ここの古墳では大型の葺石の方墳、四隅と計一二基が設けられた。西谷が三世紀から四世紀になって衰微するのに比べ、荒島古墳群は古墳時代後期の紀元七〇〇年頃まで続いた。方墳としては日本最大級の墳墓がある。

この荒島古墳群は倭人の朝鮮半島に向かう新しい港になったという仮説を置きたい。そしてこの二つの港の権益争いが起こったが、これが出雲と大和の確執とされる「出雲国譲り」、「吉備攻略」ではあるまいか。

もう一つ、出雲半島の沖合四〇キロメートルにある隠岐の島にも、不思議なことに大小合わせて一五〇の神社がある。隠岐国総社である玉若酢命《たまわかすみこと》神社の主神は玉若酢命で、丹後王

国との関わりがあるという。古墳も、四隅もあれば前方後円墳もあり、全部で約二〇〇基ある。方墳、円墳もある。早い時代に交易路になったと考える。

ただ、丹後で古墳時代になって前方後円墳が普通に造られたのに対し、出雲はようやく、弥生時代後期に今市大念寺古墳、上塩冶築山《かみえんやつきやま》古墳などにあまり大きくない一〇基前後の前方後円墳がつくられたのみで、その他ほとんどが前方後方墳である。よそとの違いは極端である。

出雲の四隅は日本最初の地方国家の形成のまえぶれと考える。また、丹後の川筋の墳墓群、遺跡群もそうである。これらが国家の広がりとして認められれば、前方後円墳が国家の連帯の象徴となる以前に、国家形成の萌芽があったと考えられる。

また、出雲では古い鏡が出土していないことも特徴である。岡村秀典氏の『三角縁神獣鏡の時代』(吉川弘文館、一九九九年)の「漢鏡分布の変遷」によれば岡村編年の四期から七期(紀元前五〇年から紀元二二〇年まで)、出雲半島の西半分、すなわち、四隅突出型が栄えた地域で古い鏡が一枚も出ていない。これは一大発見である。島根県立古代出雲歴史博物館の仁木聡氏は出雲には少ないという。

隠岐の島でも唯一、四世紀から五世紀の島後《どうご》の西郷町の苗代田《なわしろだ》向山古墳群の二号墳墓(円

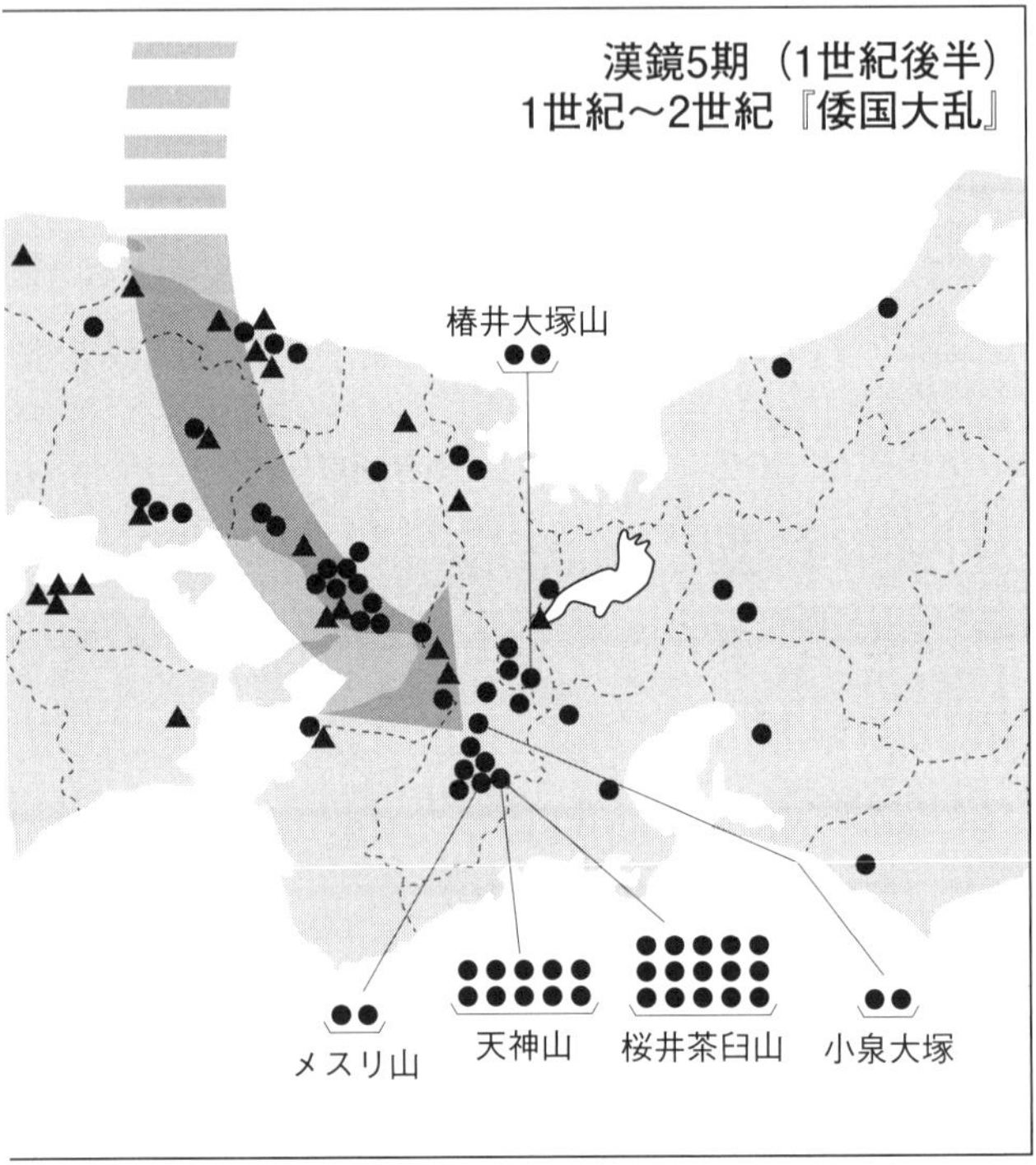
漢鏡5期（1世紀後半）
1世紀～2世紀『倭国大乱』
椿井大塚山
メスリ山
天神山
桜井茶臼山
小泉大塚

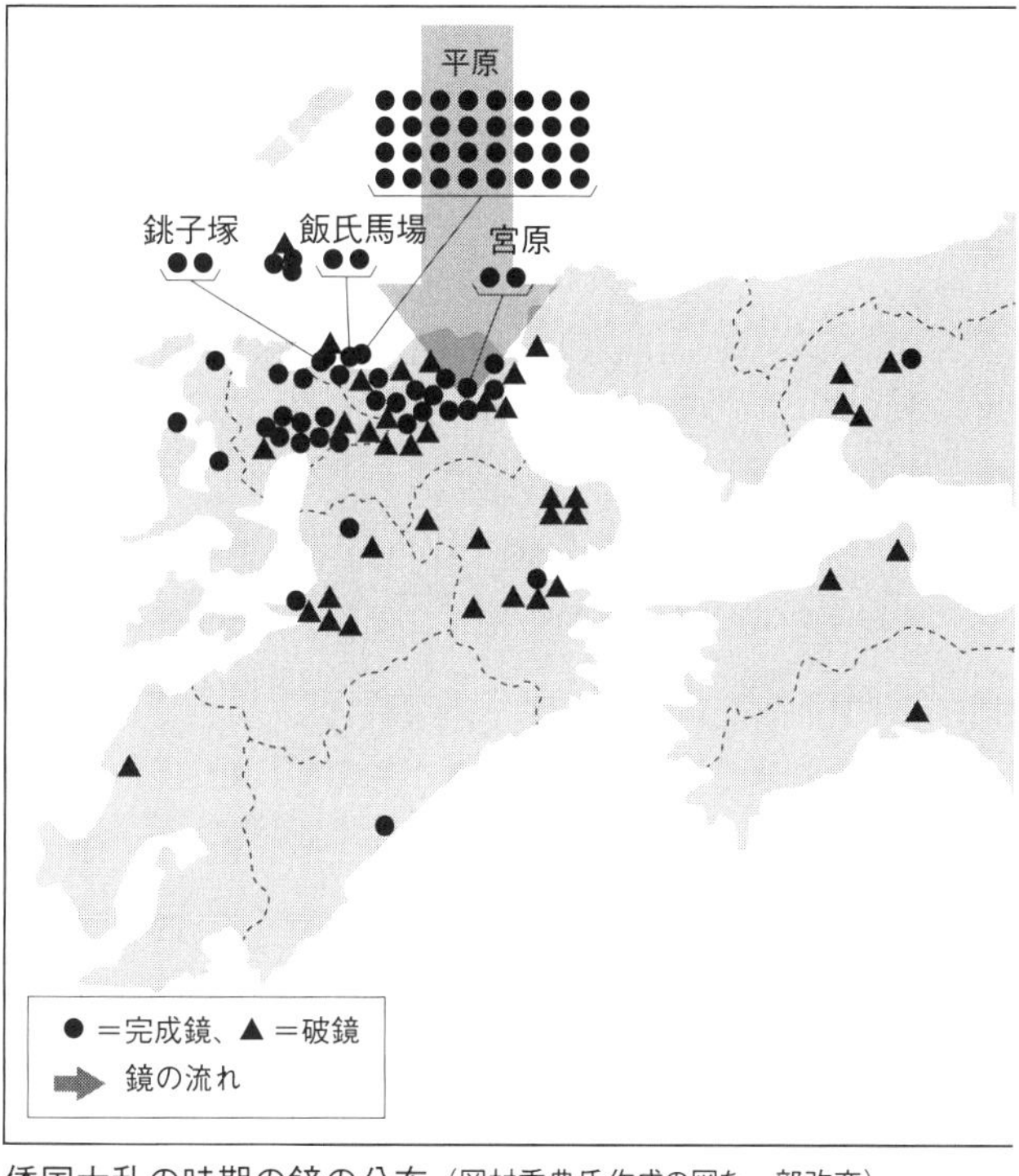

倭国大乱の時期の鏡の分布（岡村秀典氏作成の図を一部改変）

墳一三メートル）に国内でつくられた鏡があるだけだという。

古墳が多い、鏡が少ない、そして卜骨遺跡がない。すぐ隣の伯耆《ほうき》の妻木晩田とは違い出雲は大きな謎である。

四・九　渡来人がつくった瀬戸内海東航路

大和《おおやまと》古墳群の中で最も古い古墳が、三世紀初めにつくられた奈良県桜井市の纏向《まきむく》石塚古墳である。その大和の謎多き古墳と瀬戸内海を海路で結んだ古墳が、吉備（倉敷市）の楯築《たてつき》墳丘墓である。鉄を大和に送る最初の瀬戸内海航路で、鏡や円柱埴輪が二つの古墳の間を行き来したことが多くの文献、遺跡から判明している。

日本海から大和への鉄や鏡の路を辿ってみよう。

出雲、伯耆から山を越えたら吉備である。日本海岸から日野川を上れば南に流れる高梁川《たかはしがわ》に近づく。同様に、天神川、千代川《せんだい》を上れば、旭川《あさひがわ》、吉井川に近づく。実は、出雲の隣の伯耆にある妻木晩田、青谷上寺地遺跡も東西南北の交易の要衝にあった。

出雲に着いた遊牧民の多くは、すぐに山を越え、瀬戸内海の吉備に移った。そして、三世紀に次なる瀬戸内海の海路整備に着手、外海に近い岡山県倉敷市の海の中に石積塚である楯築墳丘墓をその橋頭堡としてつくった。宴会や交易をおこなうステージ付の港であった。岡山平野は昔は現在新幹線が走っている付近まで海であった。

楯築墳丘墓は、円墳の両側に二つの細長い方形突出部という少し変わった形をしており、専門家は初期の前方後方墳であるという。円墳に、ひれを付けるような形にして、円形も角形も取り入れた墳墓が出現した。これをホタテガイ型と分類している。

徳島文理大学の大久保徹也氏は、この楯築の名前の由来は独創的な盾のような貼石にあると語り、楯築墳丘墓も前後まったく関係なく突然現れたという。「倭国大乱」の難民達が押し寄せてつくったのであろう。

旅には中継点が必要だ。遊牧民の旅は、海の旅も同じである。吉備から河内まで港が、兵庫県たつの市の養久山《やくやま》五号古墳や徳島県鳴門市の萩原墳墓群とつながり、大和川を遡り、奈良県纏向石塚古墳と結ばれた。楯築墳丘墓から鉄や埴輪が運ばれ、大和から鏡が運ばれたと考える。

この時代、船人達が播磨灘から大阪湾に抜けるには、難しい明石海峡より、淡路島から南鳴門に至り、この付近から潮の流れに乗って大阪湾岸に着くルートを選んだと思われる。

これらが海の駅であり、大和と船で行き来したことの証拠として、大和の纏向石塚古墳では舟を着けるための水路と思しき溝が掘られている。楯築墳丘墓と養久山古墳は、実はのちに、それぞれ、平安時代の瀬戸内海航路の港となる。楯築は児島、養久山は御津《みつ》（陸化の過程で港の場所は少し違う）となる。後にさらに港が増え、室津、飾磨《しかま》、高砂、明石、兵庫などを経て難波津に着くルートが生まれた。戦略上の拠点明石には、五色塚古墳という巨大交易市場が出現する。

楯築墳丘墓は内海に点々とある周囲の島から突き出した位置にあり、さらに、ひときわ目立つように光る石で葺き、上に円筒埴輪を並べた海の駅である。円筒古墳は楯築古墳と、纏向石塚古墳が最初である。高い目線で空間数百メートルから観察すると、この楯築墳丘墓がある古墳群は千二百年後の秀吉の備中高松城水攻めの戦場と三キロも離れていない。

これらは日本で一番古い時代の古墳とされ、この古墳達の空間演出は四つのことを語ってくれている。一つは出雲荒島方墳を祖形とする遊牧民族系の豪族が、瀬戸内沿岸の交易路に参入した事実である。これによって、三世紀末における近畿の交易は、紀元前後の新羅の王子の豊岡・淡路島ルートに加えて、吉備から奈良まで遊牧民の鉄のルートができたと考える。

二つ目は前方後円墳の前身であるこれらの塚が、舟をつなぐ港であったと私は推論している。

る。詳しくは本書の第七章で前方後円墳は旅の一里塚（港）である証明をしたい。

三つ目は「草原の塚が海の一里塚」になったことは、『ローマ帝国衰亡史』のエドワード・ギボンが語る文化の融合であり、遊牧民族が海に塚をつくることによって「倭国大乱」があったことが証明されたといえる。この港の古墳は墳墓以外に三つの機能を持ったと考える。舟を泊め商談をおこなう、船員が飲み食いをし、歓談する、そして、周囲から目立つことの三つである。また、古墳に埴輪をつける歴史が始まったのはこの時代、吉備地方、備前、備中、備後、美作、すなわち岡山県から広島県東部地域にかけて誕生した。柱状埴輪は目印のため、また、商談をおこない、歓談する空間を規定するために使われたと考える。こうしたことも第七章で詳しく述べる。

海上航路では楯築墳墓から纏向石塚古墳が最初である。二〇〇キログラムはある重い円筒埴輪が中国地方から海を渡って近畿まで運ばれた。その技術は今後の研究課題である。

四・一〇　鉄が結んだ丹後半島横断運河と丹後王国

前作で丹後半島に横断運河があると発表した。丹後半島の海岸線は、西の久美浜湾から東の舟屋で有名な伊根まで長い崖が続く。通常、沿岸を手漕ぎの船で回る場合、休む場所がなければならない。ところが、ここは舟を着ける場所がない。

浅茂川と竹野川という二つの小さな川を遡り、上流まで行き、船を曳いて分水嶺を越えると阿蘇海を臨む大風呂南墳墓群に出られる。丹後半島をぐるりと回らないショートカットである。私はこれを「丹後半島横断運河」と命名した。

丹後の最初の鉄の遺跡は紀元前一、二世紀の弥生時代頃から登場する。玉造、ガラス細工、そして鉄鍛冶をおこなう奈具岡遺跡、扇谷遺跡、途中ヶ丘遺跡など弥生の最初のコンビナートができ、そのあとに大部隊の漂着難民が登場、巨大な赤坂今井墳墓が川を見下ろす山の上に築かれた。

これら二つの川の河口には、古墳時代中期の紀元五世紀になって、巨大な前方後円墳である京丹後市の網野銚子山古墳と神明山古墳ができるが、これらの川の沿川にもたくさんの墳墓、古墳がある。これらはすべて運河沿いにある。旅人をもてなすためである。

そして、六世紀末から日本初のたたら製鉄を始めた京都府京丹後市の遠所《えんじょ》遺跡ができ、さらに本流を遡ると不思議な大宮売《おおみやめ》神社がある。そこから山越えをすれば一〇キロメートルで大風呂南遺跡と舞鶴湾に至る。弥生時代から古墳時代まで長い間、鉄を運ぶ運河として使われてきた。

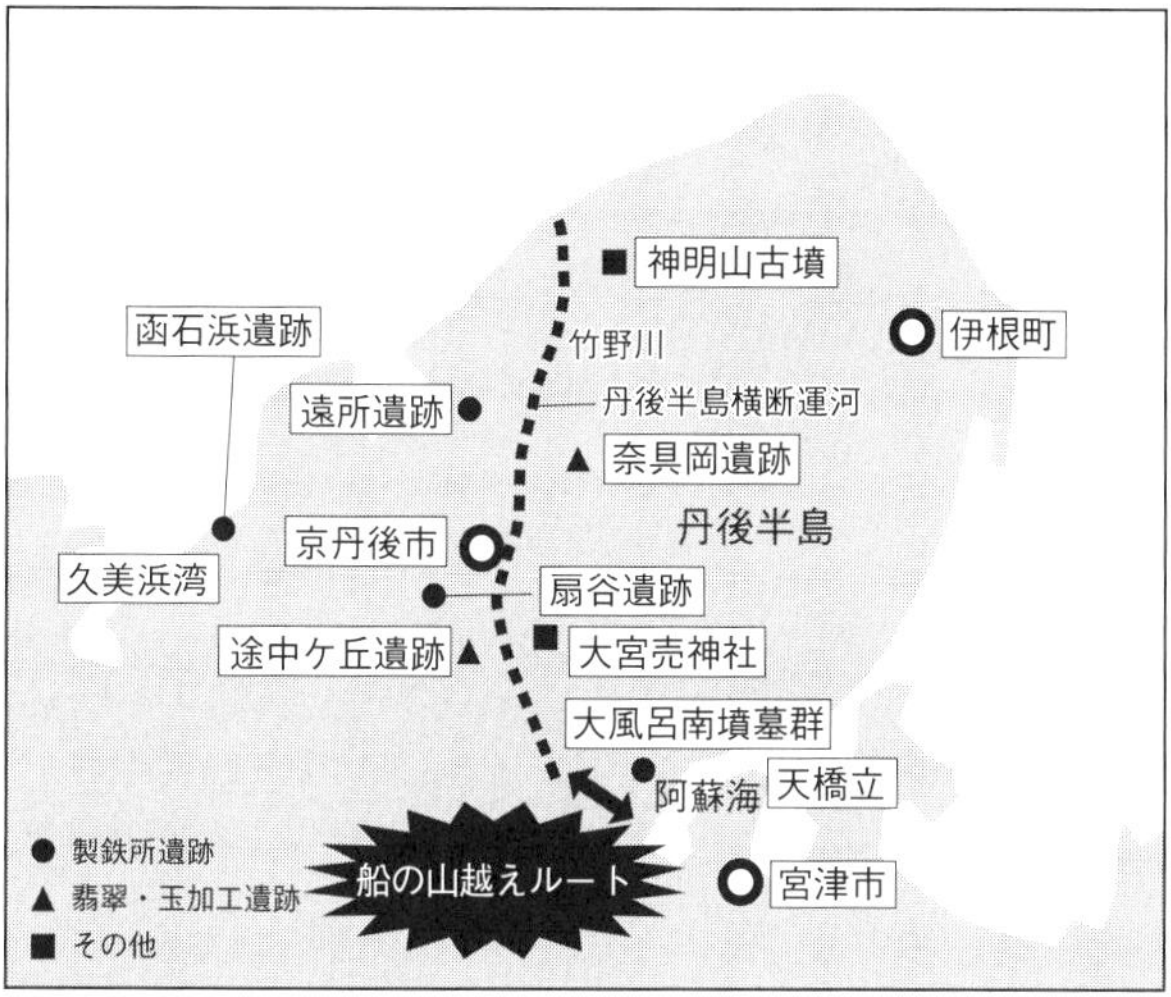

丹後横断運河と鉄のコンビナート

古墳時代を通して鉄の旅の安全・安心を図る仕掛けが随所にある。古墳時代中期の五世紀には、日本海側最大の前方後円墳である神明山古墳が、沖の船に竹野川の入口を示し、奈具岡、扇谷、途中ヶ丘など弥生の鉄遺跡が川沿いにコンビナートのようにつくられた。そして、それを遡り、山越えをすれば一〇キロメートルで大風呂南遺跡と舞鶴湾に至る。山越え場所までの距離を考えると、一泊しなければならない。

出土状況からすると、ここの鉄は九州経由ではなく、直接朝鮮半島と交易していたようだ。

山越えの拠点が、現在の大宮にある大宮《おおみや》売《め》神社である。不思議な神社である。地図と地形を見るとわかる。地形的にパワーを感じるといえば怪しげに聞こえるが、周囲の山からものすごい湧水がある。また、竹野川が扇状地に入る場所であり、地理的条件は恵まれている。ここは、鉄と、翡翠、玉の公設市場であるとともに商人達の歓談の場所であったと考えられる。

この神社、偉大な巫女が祈禱していた神社であるという。神社の敷地周辺から大量の土器が出ている。神社には大きな港があったはずだ。地形を見れば、川の下流を少し堰止めすれば港になることがわかる。港造りは至極簡単、現在でも周辺を数十センチ掘れば、水はたまる地層である。当時の周枳《すき》という集落には、昔から不思議な祭りがあるという。

この神社の奥にある三重という部落は、竹野川の源流で峠を越えると野田川流域に出る要衝の地で、昔から野田川の河口にある大風呂南遺跡から物資を運んだといわれている。野田川からは山陰線に沿って京都、奈良の大和に抜けられる。河口から舞鶴湾に沿って西に向かうと敦賀だ。地理的に重要な拠点であった。

四・一一　丹後と出雲は鏡を使わない別の社会だった

「鉄の路」とともに「鏡の路」も見てみよう。日本の鏡研究の第一人者の岡村秀典氏が、長年の鏡の研究をまとめた『三角縁神獣鏡の時代』と君嶋俊行氏の論考「青谷上寺地《あおやかみじち》遺跡の鏡」（『海を渡った鏡と鉄』鳥取県埋蔵文化財センター、二〇一二年）には鏡について興味深い分析があった。

これらの資料から読み取れることをまとめてみた。

①　鏡は、鉄とほぼ同時期に九州に持ち込まれ、大和には持ち込まれなかった

卑弥呼の鏡の三角縁神獣鏡が持ち込まれるおよそ二百年以上も前の紀元前一世紀頃、鉄とともに九州の鉄の鍛冶中心地であった福岡県糸島市井原鑓溝《いわらやりみぞ》遺跡、同市平原《ひらばる》遺跡、佐賀県唐津市桜馬場《さくらのばば》遺跡などから漢鏡が数多く発見される。一方、奈良盆地では当時の遺跡から、鏡はほとんど出土していない。これら糸島の地区では素環頭鉄刀を加工し工具をつくるとともに鏡の複製も盛んに行ったといわれている。九州ではブームになったが、大和には持ち込まれなかった。

②　紀元一世紀末、「倭国大乱」の時期にヤマトで鏡ブームが起き、吉備から伯耆に伝わる

時代は下り、紀元一世紀末（岡村編年漢鏡五期）になると鏡のブームが奈良盆地に移動し、九州と大和のふたつの地域の鏡の出土量が他を圧倒するようになる。大和では京都府木津川

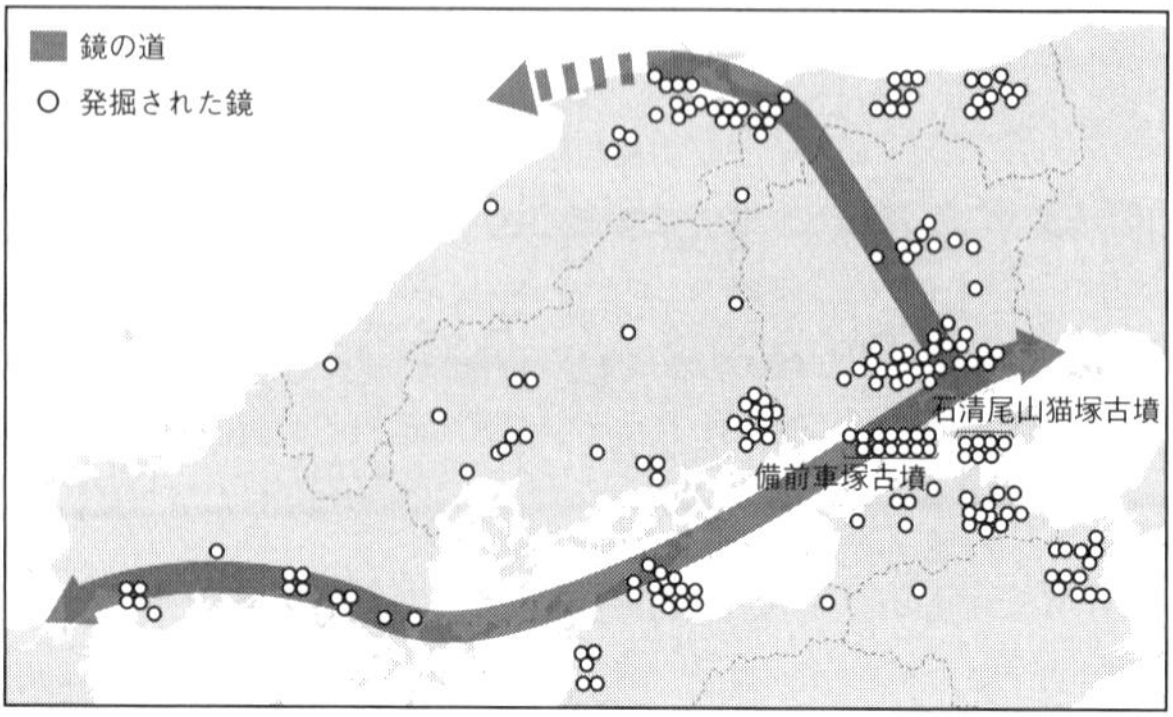

古墳時代の中国・四国地方で出土した鏡（『海を渡った鏡と鉄』掲載の図を一部改変）

市椿井《つばい》大塚山《おおつかやま》古墳、奈良県桜井市桜井茶臼山古墳などから漢鏡が大量に出土する（九八ページ参照）。この付近は銅鉱石が採れ、周辺より早く鏡の複製づくりを始めたからだと上垣外憲一氏（『古代日本謎の四世紀』学生社、二〇一一年）などが語っている。

紀元一世紀末につくられた九州と大和の「鏡の路」は、「鉄の路」に乗って日本海をつなぎ、出雲東部、米子、妻木晩田《むきばんだ》、青谷上寺地から、丹後方面ではなく、南の津山盆地を経て瀬戸内海（岡山平野）を経由、兵庫県の南岸を走り、明石海峡を抜け大和の卑弥呼の鏡の産地の椿井大塚山、桜井茶臼山などに到達する。この時代、西瀬戸内海（周防灘）では鏡は通っていない。言い換えれば、漢鏡五期、六期の鏡は大和への鉄とは異なったルートを歩んでいる。不思議である。大和への鉄は、丹後からであるが、鏡は伯耆から吉備高原を抜け岡山平野から瀬戸内海の路になる。

③　**紀元一、二世紀頃には山陰とくに出雲で漢鏡は出土していない**

さらに不思議なことに、二・四で示した倭国の「鉄の路」の中で、山口県から島根県の沿岸には漢鏡はほとんど出土していない。これは何を意味するか。ヤマトの漢鏡は倭人が運んでいないし、九州の漢鏡も山陰に運ばれていない。九州とヤマトの間の出雲周辺で鏡を使わない国があった。島根県立古代出雲歴史博物館に確認をしたが、やはり鏡は出雲では少ないという。どうも遊牧民の宗教儀式が違うからであろうか。これも今後の研究課題である。

しかし、東日本では、鏡は点々と古墳の一里塚をつないでいる。この時代は、祭祀のための威信財であったことは間違いない。すなわち、日本海の「鏡の路」であるが、漢鏡六期まで丹後は通っていないし、出雲の西部は鏡の遺跡がない。丹後と出雲は鏡を使わない別の社会であったようだ。

加えて、九州と近畿で鏡は独自につくられほとんど交易はなかった。これも今後の研究課題である。

④　**瀬戸内海交易が始まる古墳時代にすべての鏡が瀬戸内海に出土する**

君嶋氏の資料（前述）によれば、古墳時代中期五世紀になって防府、松山、今治、福山、岡山・倉敷（児島湾）、高松、小豆島、鳴門の遺跡にようやく漢鏡、魏鏡を含めて大量の鏡が出土している。これは四世紀後半から五世紀の瀬戸内海の鉄の交易が始まった時期と一致している。

四・一二　三角縁神獣鏡の謎は、謎ではない

ついに鉄が大和に流通し始めた古墳時代初めに、木津川市山城町の椿井大塚山、奈良県桜井市のメスリ山、同天理市の天神山など各古墳の副葬品として漢鏡五期の鏡が存在する。話題の卑弥呼の鏡・三角縁神獣鏡《さんかくぶちしんじゅうきょう》より一時代前の鏡である。大和で漢鏡の複製品がつくられ、さらに後の魏鏡の三角縁神獣鏡も同じように大和で製造したとすれば、年号や出土数といった様々な矛盾が氷解する。

鏡と交換するモノは鉄だけではない。内陸の地では塩や魚も必要であった。他にも大変な数の鏡がコピーされて出回っている。

君嶋氏の資料が岡村秀典氏の資料に基づいてつくられたとすれば、今までの鏡の定説に二つの疑問が生ずる。

第一に、四世紀後半の「鏡の路」は、「鉄の路」と同じように、漢鏡の時代と同様西から

東に進んだが、この時代にはこれは今まで論じられたように必ずしも鏡も王が配る威信財ではないのではないか。商業ベースの交換財の一つとして運ばれたのではないか。複製品が多いのもそれが理由だと考えられる。

第二に三世紀までの卑弥呼の時代には、岡村氏と君嶋氏の史料では、鏡は西瀬戸内海を通っていないことになる。では、卑弥呼の特使難升米《なしめ》はどこを通って魏に向かったのであろうか？　疑問はある確信に変わる。それは最後に述べよう。広島県の鏡の出土する古墳を見ると、庄原、東広島、広島市北部と内陸深くの場所であり、瀬戸内海交易とは関係ないと思われる。大三島がカギを握る。

卑弥呼の鏡といわれる「三角縁神獣鏡」も、九州に渡ったうちの一つの原盤で、ヤマトで大量に複製がつくられ全国に大量に頒布されたとみるほうが全体的に整合がとれる。多くの鏡をつくり、破鏡という儀式の文化まで広げたのである。当時、大和の新産業づくりに知恵者がいたのではなかろうか。

三角縁神獣鏡は卑弥呼の使者が景初三年（二三九年）に邪馬台国に持ってきたという百枚の鏡で、その真偽を巡り大論争になっている。すでに、全国で五〇〇枚も発見され、近畿地方に多く発見されているという。完全にできていないものを含めれば一〇〇〇枚を超えるといわれている。

前掲の岡村秀典氏の調査にあるように、別に卑弥呼の鏡といわれる三角縁神獣鏡が持ち込まれるおよそ二百年以上前に、数多くの漢鏡が西から東に移動した。当然、豪族達は複製品をつくり、流通させ、祭祀・儀式で割ることで消耗品としたと考えてもおかしいことではない。

ヤマト王権の威信財とこだわることが全体をみえにくくしている。

この程、卑弥呼の鏡「三角縁神獣鏡」を三次元プリンターで模った精巧な金属レプリカがつくられたところ魔鏡効果があることが判明した。魔鏡効果とは、鏡を薄くすると背面の凹凸により人間の目に見えない歪が鏡面に現れ、反射光にムラができることで生まれるとされている。

近世になってもマリア像や十字架（切支丹鏡）、仏の映る魔鏡などで祭祀に使えば、確実に人心を摑むことに成功したと考えられる。古代ではその魔力に相当値が付いたと考えられる。

大和の人はこの銅鏡と祈祷と一緒に普及させたと考えられるが、その祈祷については定説がない。多くの〝神学者〟が百花斉放で祈禱の形を論じている。

知恵者がいて、大和の工房がたくさん複製をつくり配って新しいビジネスにしたと考えれば得心がゆく。

資源を持たない国が付加価値産業立国を目指すのは昔も今も変わらない。安本美典《びてん》氏は「鉄砲伝来のときにわずか数年で造ったことに比べれば、鏡ははるかに簡単である」と述べている。これも鉄との交換財である。ただ、岡村氏も指摘しているように鏡のブームは百年ほどで消え、甲冑や馬具にブームは移る。

四・一三 鉄から見た卑弥呼の国——倭国と大和は別の国

「ヤマトが女王の国なのに、肝心の鉄がないのはなぜか?」古代史の古墳研究の第一人者白石太一郎氏は「弥生時代後期以降は本格的な鉄器の時代になるにもかかわらず、日本では鉄の製錬が行われていなかった、なぜ、ヤマトに鉄がないのか不思議である」と語っている。

文化庁編の『日本発掘!』(朝日選書、二〇一五年)も、古墳時代には瀬戸内海には鉄器が出ていないという。一方、卑弥呼が持参したといわれている三角縁神獣鏡は多く発見され、奈良県の纏向遺跡から、東海、山陰、北陸の土器が出土しており、大和から福岡まで人が動いているという。

卑弥呼の時代の三世紀、九州には鉄は一巡していたが、大和には鉄の遺構が少ない。多くの学者が認めるところである。

卑弥呼の時代は、後漢の桓帝、霊帝の時代、倭国が乱れ、互いに攻め合った時代から百年が経ち、国内は小康状態になっていた。日本の鉄の交易も多様化の中で安定した時代となった。だが、大和と日本海側の縦を結ぶ「鉄の路」は、それぞれの墓制を支える遊牧民系の漂着難民の豪族が支配するようになった。

今まで述べてきたように紀元前頃から四世紀頃までは三つの大和への「鉄の路」があった。一つは、丹後から由良川、野田川から福知山盆地に抜け、加古川と保津川から淀川・木津川から大和川に抜ける路、二つ目は豊岡の円山川を上がり、市川、加古川を下り、姫路から播磨灘へ至る路。三つ目は出雲、伯耆から吉備高原を越えて、吉備に下り、瀬戸内海を経て河内潟から奈良に運ばれた。最後の路は楯築墳丘墓の東瀬戸内海ルートである。これらはすべて大乱の時期に渡来した異邦人が支配する「鉄の路」で、倭人が開拓した日本海沿岸の「鉄の路」の恩恵は、奈良県天理市・桜井市の大和《おおやまと》古墳群や北葛城郡などに広がる馬見《うまみ》古墳群には届いていなかった。

大和は広い。大和古墳群には鉄を持った渡来人が来なかったのだろう。弥生時代後期に大和で鉄の恩恵に与っていたのは、淀川水系と大和川水系を扼《やく》する佐紀古墳群の王だけであった。

それでは、大和の中心地である大和古墳群に鉄が流れ出したのはいつか？

この古墳群のうちで四世紀初頭につくられた桜井市の桜井茶臼山古墳の後円部の外に宗像《むなかた》神社がある。なぜ、九州の宗像海人族の守護神の宗像神社があるのか？　不思議である。すなわち、これは九州からの「鉄の路」がこの古墳に繋がったことを意味するのではなかろうか？　言い換えれば、この古墳ができて、しばらくたった四世紀後半から五世紀に瀬戸内海経由で鉄だけでなく西国の産品が運ばれ始めた。九州の物産店が立ち、それを記念して後日ここに神社ができたとみる。

もう一つ、三六九年、高句麗に圧迫されていた百済から大和に七支刀が送られた。実際に石上神宮《いそのかみじんぐう》に伝来していた刀であり、倭と大和が結びついていた物的証拠とされ、大和にある政権に百済から献上されたとされている。これも瀬戸内海航路開通の祈願か、開通のお祝いかもしれない。

結論をいえば、奈良の大和《おおやまと》古墳群は、どうも卑弥呼の時代は倭国の鉄の交易の都市国家の範囲から外れていたようである。

個々の「鉄の路」を注意深く見ることで、今までの中央史観の「弥生時代後期から古墳時代の紀元一〇〇年から三〇〇年ごろにヤマトを中心とした大きなまとまりになる」という王権・王墓の定説に、疑問符が付いた恰好である。

第五章

「倭の五王」時代の鉄取引

五・一　舎人親王のたくらみ

『日本書紀』を編纂した舎人親王は神功皇后という女王を登場させ、幾つかの仕掛けをして多くの物語をつくりあげた。これらについては先行する多くの本があり、その内容に紙幅を割くことはここでは避けるが、そのあらましを紹介する。

三世紀初頭に彼女は仲哀天皇の后、応神天皇の母として登場する。応神天皇をみごもったまま筑紫から「三韓征伐」をおこない、九州で応神天皇を生み、瀬戸内海を帰還、住吉の浜に凱旋したという。昔は八幡神の母として崇められ、今でもファンは多い。私もその一人である。

胸がすくような活躍をした女王として描かれているが、彼女の寿命や朝鮮半島への航海など、その逸話の多くは科学的に説明できないし、事績にも多くの矛盾点が指摘されていて、実在していない可能性が高い。私も本章の五・五「鏡と古墳から読み解く瀬戸内海の『鉄の路』」で、瀬戸内海を交易船や軍隊が通れるようになったのは五世紀であり、三世紀の「神功皇后瀬戸内海凱旋」には無理があると申し上げている。

さらに、この時代の韓国は、百済、新羅、高句麗の三韓の時代ではなく、原三国《げんさんごく》の時代

（三韓の前段階を指す、朝鮮半島の時代区分）で、高句麗が南下し続けている時代、「倭国大乱」の第一陣が終わっても渡来人は来ていた時代である。征伐すべき三韓そのものがその時代にはないのである。直木孝次郎氏は女帝である斉明天皇と持統天皇をモデルとした物語としているが、私もそう考える。

それではなぜ、このような物語をつくったか？　それには大きな理由がある。前作でも述べたが、応神天皇はヤマト出身という物語をつくりたかったのである。

五・二　「倭の五王」の時代の倭国の範囲と国の性格

「倭の五王」は四一三年から四七八年の間に歴代中国王朝に九回朝貢している。この時期、高句麗にやられながらも倭国は船を繋ぎ半島の港を死守した。「倭の五王」の武の祖父あたりからは海上の防衛を担うようになった。

五世紀の「倭の五王」の国土の範囲はこの点で明確になっている。四七八年の宋書の倭王武の上表文で、五世紀半ばの倭国の位置が見える。「封国は偏遠《へんえん》にして藩を外に作《な》す。昔から祖禰《そでい》躬《みずか》ら甲冑を環《つらぬ》き、山川《さんせん》を跋渉《ばつしょう》し、寧処《ねいしょ》に遑《いとま》あらず。東は毛人を征すること、五十五国。西は衆夷を服すること六十六国。渡りて海北を平らぐること、九十五国。王道融泰《ゆうたい》にし

て、土を廓《ひら》き畿を遐《はるか》にす。累葉朝宗《るいようちょうそう》して歳《としごと》に愆《あやま》らず」（『宋書』倭国伝）
倭王武は、雄略天皇といわれているが、祖先の功業の成果として、東国の毛人の国々のみならず、対馬海峡を渡って南朝鮮の国々まで、大和朝廷の威力が行き渡っているかのように誇らしげにうたいあげている。

倭国は鉄の交易の利益にのみによって結ばれた都市連合で、鉄の流れを見てもわかるように、北は毛人国の新潟から信州、群馬、日本海側は丹後、出雲、南は九州・南西諸島で、船で通える範囲に鉄が配られた。鉄の結び付きが都市連合を形成していたのである。

毛人とはけむくじゃらの人々の国の意味であり、当時は関東の北の方を指す群馬、栃木付近をいうのだろう。平安時代は毛野の国といった。上毛野《かみつけの》、下毛野《しもつけの》に分かれ、時代が下ると転訛してそれぞれ上野《こうずけ》、下野《しもずけ》と呼ばれた。

高句麗の部族が居着いた地域であり、その痕跡は伝承や遺跡に残っている。

西は衆夷というが、これは九州、奄美《あまみ》を指すのであろう。ということは、自分のことを衆夷とはいわないから、倭国の都は九州にはない。「（海を）渡りて平らぐること、九十五国」とあるのは、伽耶を中心とする朝鮮半島南部のことを指す。一〇キロメートル毎に海岸線にあるとすれば、遼東半島から朝鮮半島の西海岸をカバーできる距離である。

古墳時代中期から後期の五世紀から七世紀には、大和地方中心の中央集権の国家ができたという前提で、古墳時代に関する議論は行われているが、どうも三、四世紀の時代の大和の国々は干上がる奈良湖の中を点々と移動し、国の容《かたち》は整っていなかったようである。『初期国家形成過程の鉄器文化』の野島永《ひさし》氏の努力によって、古墳時代までの全国の鍛冶関連施設の分布図がまとめられているが、五世紀には関東と近畿、特に、関東に鍛冶遺跡が多い。東北地方にまで鍛冶遺跡はあり、倭国の版図は東北まで及んでいたと考えられる。

人種も違う、言葉も違う、宗教も違う五世紀の倭国都市連合には、中央主権的な王権はないし、国境も存在しなかったと見てよい。交易と共通の敵、高句麗と戦うことのみによって繫がった都市国家群であった。応神天皇がその旗頭であったが、『日本書紀』の編者達は彼はヤマトの出自という物語をつくりたかったのである。そして、後世の人達はそれに騙されてきたのである。

五・三　敦賀王国をつくった応神天皇

応神天皇は敦賀の王であったと考える。『日本書紀』は敦賀の王であった応神天皇を別の王にすり替えた。敦賀の王には都怒我阿羅斯等《つぬがあらしと》という架空の人物像をつくった。

応神天皇は九州か朝鮮南部から敦賀に来た豪族と考えてよい。三世紀の敦賀はどうであったか？　弥生中期後半の紀元一世紀頃の方形周溝墓、土壙墓の民族が渡来（吉河遺跡）、その後、市の東部の山裾に多くの古墳が七世紀までつくられ続ける。何を意味するか？　多くの人種の違う渡来人がやってきて交易をおこなうのである。応神天皇の時代に、北陸には珍しい前方後円墳（明神山10号、30号）ができている。敦賀や雨の宮の古墳の多くは近畿の高句麗系の貼石の方墳とは違い、朝鮮半島南部の百済や伽耶にあるような円墳が多くある。応神天皇がこの地に朝鮮半島南部の人々をひきつれて、海運業を発展させたことを示す状況証拠である。

　彼を祀った神社も能登から敦賀、舞鶴、美浜にある。神社は人が、交差し、集うところにつくられる。応神天皇支配下のマチでも三百年後にその賑わいの場が神社になった。これらの神社では応神天皇を比定した誉田別命《ほんだわけのみこと》、神功皇后を比定した気長足姫命《おきながたらしひめのみこと》をはじめ、天押雲命《あめのおしくものみこと》、天種子命《あめのたねこのみこと》、大山咋神《おおやまくいのみこと》、天忍穂耳尊《あめのおしほみみのみこと》、天穂日命《あめのほひのみこと》、天津彦根命《あまつひこねのみこと》、火遠理命《ほおりのみこと》、建御雷神《たけみかづちのかみ》、多紀理毘売命《たきりひめのみこと》などを祀っているが、前作で検証したようにこれは港の跡である。

　これらの神様が増えてきたのは、倭国の輸送網が質的な変化を始めたことを示している。倭人、漢人、新羅人入り乱れて、多くの海運会社が設立されたのである。

実際に、応神天皇時代、朝鮮半島で戦争が行われている中、織物や牛馬、珍しい食糧などが運ばれたという記録が残っている。以上から推論するに、応神天皇は日本海交易の中興の祖で、渡来人の港と倭人の港をまとめ一つの「鉄の路」とした最初の大王で、「倭の五王」の一人かもしれない。その辺はロマンがあってよい。

応神天皇は、朝鮮半島の秦氏を救援の際、葛城襲津彦《かつらぎのそつひこ》という武人に対馬海峡の渡海作戦を指示する。「津（港）を襲う」男とは怖ろしい名前である。彼は十数トンの船を幾つも造り、難民を運んだ。そのスキルが応神天皇が組織した日本艦隊を生んだと考える。部族的小国家だった辰韓が新羅に滅ぼされその遺臣が半島南部から船によってボート・ピープルとして脱出、それが京都太秦を中心とする秦一族のルーツとされている。秦氏は、表には出なかったが、日本国の発展に最も寄与した部族の一つである。

新羅人・高句麗人も五世紀頃から当然日本海に新規参入していたと思われるが、応神天皇は朝鮮半島、九州、能登半島を越えて新潟まで版図を拡大している。東北まで日本の交易圏が広がると敦賀が列島の中心になり、氣比《けひ》神宮を拠点として日本で最も繁栄した都市国家の一つとなったと考える。

私は前作で、当時日本一の港は敦賀で、応神天皇は敦賀の豪族であったと書いた。人やモノの流れを考えればその結論に至る。

時代が下ると輸送構造が変化する。それまでは対馬、壱岐を経て九州、日本海沿岸を尺取虫のように細かく船を繋いだ倭国の交易も、朝鮮半島東岸から一気に風と潮にのって夜も走る航法に代わったと考える。朝鮮半島と敦賀を中心とした新しい交易路ができ上がる。これには馬や甲《よろい》、軍隊を載せられるようになった。

五・四　副葬品の武具から読み解く五世紀の国情

前作『古代史の謎は「海路」で解ける』では波除板を設けた準構造船が、日本の独自の船と考えていたが、どうやら、これは「倭国大乱」で渡来した人々が乗り回した船であり、やがて四世紀末に倭国の標準船になったようだ。

波除の舷側板を多く付けることで幅広の船ができ、甲冑《かっちゅう》、馬具、馬までこれで運べるようになった。

応神天皇の即位が三九〇年、雄略天皇が四五六年とされており、四世紀後半から五世紀後半に日本海には帆船が走りだしたと考えてよい。すでに高句麗と戦《いくさ》が始まっており、朝鮮半島に届いていた帆船技術を学び、新しいタイプの輸送船を運航し始め、戦争に備えたと想像できる。

全国の古墳では、物凄い数の甲冑が出土している。例えば、最近、宮崎県えびの市の島内《しまうち》横穴墓群で未盗掘の墓が見つかり、そこから五世紀後半から六世紀の馬具、短甲、冑《かぶと》、太刀、矢が発掘されている。矢は三〇〇本あり大阪・藤井寺市の野中古墳などに次ぐ量で、太刀は銀で飾られていた。また、鳥取市古郡家《ここおげ》一号墳から古墳からの短甲、冑が出土している。このような武具は九州全域、山陰、北陸、関東地方に出土、これらは金海国立博物館や福泉博物館にもあると同じ量産品で、伽耶でつくられたものと思われる。朝鮮半島からの帰還した豪族が身に着けていたものであろう。

だが、これらはヤマト王朝から下賜されたことが定説になっている。果たしてそうであろうか？　このような最先端の金銀の飾りのついた鉄製の武具を造る工場が、当時ヤマトに立地、全国の部族に送られたとは思えない。

当時はようやく瀬戸内海が開通した直後で、ヤマト王朝のある河内平野に甲など最先端の鉄製品をつくる工場は当時建設されていない。もしあったとしても、ヤマトから全国へ配送する手段、理由が見えてこないのである。なぜなら、朝鮮に派兵される軍隊は、現地で調達できる甲冑を、わざわざ日本から身に着けていかない。ヤマトで配るわけがない。現地調達である。第二に、全国にヤマトから下賜された甲冑が数多くあるが、ヤマト王権はどのように運んだか？　とくに、関東、九州への輸送は謎である。

倭国の朝鮮半島の拠点である伽耶から、短甲、冑など装備が日本全国の豪族に送られ、その見返りに多数の兵が志願兵、傭兵として朝鮮半島に送られたと考えるのが普通である。この時代、倭国は鉄の交易だけではなく、戦争の同盟で結ばれた国家であった。鉄の取引がどのようなものであったかについては五・六で述べる。

もう一つは戦利品である。高句麗全盛時代の古墳、北朝鮮の平壌《ピョンヤン》近くの安岳《アナク》三号墳の壁画には、兵士が盾を持って行進している図がある（一四二頁）。この盾は、青谷上寺地《あおやかみじち》遺跡で出土した盾と形が酷似し、一部の甲冑を含め戦利品であった可能性もある。これらは伽耶から送られたものか帰還兵の持ち物であったろう。任那の日本政府の役割がこれから見えてくる。

騎馬民族征服王朝説の江上波夫氏も指摘しているが、『魏志倭人伝』では倭国には馬がいなかったがこの時代には輸入されるようになった。馬は体も大きく丸木舟では不可能で、さらに一つずつ港を繋いでゆく輸送方法は神経質な馬には難しい旅であった。

準構造船が風と潮に乗って一気に目的地に運ばれる時代になって輸送が可能になったと考える。馬は遺跡から考えると、日本海を運ばれ北信越、鳥取に運ばれ「鉄の路」と同じ道を辿ったようだが定かではない。今後の調査を待ちたい。

五・五　鏡と古墳から読み解く瀬戸内海の「鉄の路」

『日本書紀』の根幹となる、「神武東征」、「神功皇后瀬戸内海帰還」を史実とするためには、少なくとも、卑弥呼の時代、すなわち、箸墓古墳の時代までには、瀬戸内海に船が通っていなくてはならない。そうでなければ、『日本書紀』全体がおかしくなることは前に述べた。どうやら、瀬戸内海の「鉄の路」は日本の歴史に重要な意味を持っているといえる。

瀬戸内海航路が開通したのは『日本書紀』の四六三年の吉備の乱の記述や、瀬戸内海の古墳などの鉄の遺構から雄略天皇の時代とほぼ断定できる。

『日本書紀』における雄略天皇の吉備の乱のくだりは、乱の背景、鎮撫の目的がわからない。ただ、新羅と結託したとあることが大きなヒントである。当時、倭国は高句麗と連戦連敗、南に追いやられていた時代で、倭国の日本海沿岸の交易網からも高句麗になびく者も出てきた。瀬戸内海航路を新たにつくる必要性に迫られたと考える。

瀬戸内海の西端の九州に、大和古墳群と同時代の古い古墳群がある。応神天皇を祀っている大分県宇佐市宇佐八幡宮の近くの「宇佐風土記の丘」の川部・高森古墳群にある、九州で

「倭の五王」時代の西瀬戸内海　「鉄の路」遺跡分布
（作成：長野正孝　地図提供：（株）国際地学協会）

一番古い、三世紀末に造られた全長五八メートルの前方後円墳・赤塚古墳である。三角縁神獣鏡はじめ六種類の鏡が出土しており、その中に椿井《つばい》大塚山《おおつかやま》古墳、桜井茶臼山古墳と同じ型でつくった鏡もある。

それゆえに、「九州をヤマトの倭国の連合政権の一部と考える」説が定説になっているようだ。だが、それをそのまま信じると謎が解けない。

船は空を飛ぶわけにゆかない。遊牧民の旅同様、海路を

いるという。

彼は大三島の繁栄とその由来を次のように語った。「大三島は瀬戸内海最大の難所と言われる芸予諸島の中央に位置し、手漕ぎ、帆船を問わず、ここを通るすべての船に、水と食糧を補給し、水先案内人を提供し、交易をおこなって繁栄を極めてきた。また、有事の際には、三島水軍という戦闘集団に、この海を鎮撫させることで、西瀬戸内海を睥睨《へいげい》してきた。この島の名の由来であるが、『シマ』は単に島ではなく、敬うべき区域、地域であり、船人はこのシマを御《み》シ《し》マ《ま》と呼び、それが変化して三島になったという。神社は大山祇神社、主神は大山積命《おおやまづみのみこと》で日本全国に分社ができ（現在一万以上）、その総本社がある島として、いつしか、偉大な島、大三島となった」という。

前作で、この島には瀬戸内海の自由航行を妨げてきた高地性遺跡が数多くあって、雄略天皇がそれを除き、この島を平定、瀬戸内海航路を開いたことを書いた。ということは、大三島の豪族、三島氏の先祖はそのときからの豪族であり、鉄はその時代から通っている！

そう考え、改めて調べてみると、大三島の南の大島の火内《ひない》遺跡、大三島の東側にある、四世紀初めの多々羅古墳から鉄鋌《てってい》（鉄の半製品）が出土し、さらに、近くの魚島の大木遺跡に五世紀の銅鏡、鉄製品が発見されている。対岸の今治市内には妙見山古墳がある。

それ以前の鉄器はこの海域で出土していない。納得である。

瀬戸内海では、高句麗と風雲急を告げ始める四世紀中頃から交易がおこなわれるようになったのである。これは最近世界遺産登録で話題になっている沖ノ島にも通ずる。「沖ノ島神事」が始まったのも四世紀後半であり、瀬戸内海が開通した時期と符牒が合う。

中継地の吉備であるが、造山《ぞうざん》古墳には五世紀以降の鉄鋌《てってい》、鉄剣などが発見されている。また、造山古墳の近くでは渡来人が造ったカマドがありここでも鉄鋌が発見されている。「倭の五王」の時代である。

さらにいえば、雄略天皇、瀬戸内海、そして鉄鏃などが大量に出土した大阪の古市古墳群の三題噺で結びつくと思われるが、大三島に鉄器を副葬品とする古墳が出現する時期と古市古墳群が造られ始める時期は、四世紀後半で一致するが、「記紀」の雄略天皇の在位と吉備の乱とは合わない。今後の研究課題である。

五・六　時代によって変わる鉄取引――玉石、サービス、奴婢《ぬひ》、鏡そして傭兵

古代の朝鮮半島と日本列島の鉄の取引は、五百年かけて次第に変わってきた。普通の歴史書には弥生時代には翡翠、ガラス玉、織物、勾玉などと交換したと書かれている。

確かに、紀元前から三世紀頃まではそうであったろう。能登半島から西、羽咋《はくい》海岸から富山湾に抜ける吉崎《よしざき》・次場《すば》遺跡、越前の三国港の加戸下屋敷遺跡、丹後の竹野川沿いの扇谷遺跡など翡翠の産地、姫川に近いところでは、冬の内職、手仕事としてガラス管玉、翡翠の玉、勾玉をつくった。それを運び、出雲や、那の津（福岡）で、あるいは対馬海峡を運び、弁韓（伽耶）で鉄と交換した。季節になると交易の船団が動いた。

紀元前後の倭人の鉄の交易はつつましやかであった。それでは、交換するものがないところは何と交換したか？ 奴婢《ぬひ》やサービス接待と交換したのである。栢原英郎《かやはらひでお》氏が東北最大の縄文遺跡青森の三内丸山《さんないまるやま》遺跡に姫川の翡翠があることで、学芸員の方に「青森では何の産品と交換したか？」と尋ねたところ「それは生口《せいこう》、いわゆる奴婢である」という答えがあったそうだ。

生口、奴婢は、呼び名は違うが奴隷である。朝鮮半島からの祖先は鉄とともに日本に奴隷制度を持ってきた。日本は奴隷制度に無縁だったと思われる人もいるだろうが、中世まで日本にも存在していた。安寿と厨子王で知られる森鷗外の『山椒大夫』の短編が平安時代の奴隷制度を描いている。汐汲みや農業など単純労働のための労働力に奴隷が必要であった。戦国時代の戦いには、奴隷狩りとしての側面もあったという（藤木久志『雑兵たちの戦場』朝日選書、二〇〇五年)。

女性によるサービスも交易の対象であった。女性をはべらし酒と肴のもてなしで、鉄を落としていってもらうサービス業を考えた。奴隷ではないが、騎馬民族の流れを汲む祭祀をおこなう四隅突出型墳墓がおそらくその嚆矢《こうし》であろう。半島から渡ってきた人々を「もてなし」た。

平安時代、源《みなもとの》通親《みちちか》の『高倉院厳島御幸記《たかくらいんいつくしまごこうき》』には、御津に船が立ち寄ったときに化け物のように化粧をした湯女が出てきたという。すでに平安時代には港、港に女あり、江戸時代の瀬戸内海航路の港には「はしりがね」という女性がいたという。倭国では料理、酒を出す「もてなし」別の言葉で「接待」という方向に進んだ。

鏡も鉄と交換された。三世紀末、大和は鉄の対価を何で払ったのか? 前節で述べたように威信財ではなく鉄との交換財として、神の祈禱を行うための鏡をつくり、市場で鉄と交換したのではないかと考える。

文字がない時代、当時取引は現物決済、紙があっても貴重で、約束手形もなかった。仮に兵隊一〇人と鉄鋌一本なら整列させればよい。それでは兵五〇〇人と鉄鋌五〇本を交換する場合、双方広い空間が必要である。

島根県安来市の大成古墳、岡山県総杜市の作山《つくりやま》古墳や鉄器倉庫の陪塚《ばいづか》を持った古市、百舌鳥古墳群にある巨大前方後円墳がなぜ必要か、そこにヒントがある。

第六章

高句麗と倭国・大和の戦い——負けるが勝ち

六・一　倭国が朝鮮半島で戦った理由――「鉄の路」の維持

我々は朝鮮半島の歴史を見直さねばならない。私たちは教科書で、馬韓、弁韓、辰韓という原三国時代がつくられたと習ったが、実態はそれに被せるような高句麗の二重統治が垣間見える。高句麗はツングース系の騎馬民族がつくった国家で、定住化によって遊牧から次第に離れたが、騎馬による戦力は絶大なものがあった。倭人（伽耶の人々を含めて）という海洋民族はこんなすごい高句麗と戦いながら、朝鮮半島の「鉄の路」の維持に腐心していたのである。この争いについて記述している「記紀」や広開土王碑の背景を、読み解く必要がある。

広開土王碑では「倭は百済、新羅を属国とした」とあるが、同盟国家の小さな倭が属国にできるわけがない。倭が維持している百済、新羅の勢力内の航路についてクレームをつけ、攻撃を始めたと見てよい。倭は朝鮮半島の海上権益を巡り、三九一年から四八〇年、高句麗と戦うことになる。

すでに、今まで論を積み重ねてきたように、倭人が朝鮮半島の沿岸輸送を支配していたことが見えてくる。これは中国の史書や『三国史記』の行間を読み解けばわかる。紀元前からの倭人の新羅への攻撃が、「百隻で襲った」「城を取り囲んだ」などたくさん戦ったことは書かれている。だが、一体、この倭の攻撃について、どうして、どこで、なぜ起きたか十分な分析が行われていない。

ヨーロッパの紀元前から近世まで続いた、ギリシャとペルシャ、ローマとカルタゴ、そして、ヴェネツィアとトルコ帝国の千年以上にわたるガレー船の戦いも、交易の利権を巡るものであった。粟しか育たない寒冷地の痩せた朝鮮半島の東海岸を、倭人が繰り返し襲撃するわけがない。しかも、この時期、新羅という国はない。

三百年後の「記紀」の国土観、国家観に囚われていればいつまでも謎のままである。倭人が騎馬民族と戦ったのは鉄の商権、交易路の確保と考えれば謎は解ける。

当時の国境の状況を考えてみよう。倭国は朝鮮半島交易と伽耶の鉄生産の権益を持っていたが、高句麗から見れば、倭の権益は楽浪郡同様魅力的なものであった。

高句麗が南下し始めたことで、倭と百済、新羅と合従連衡が始まり、当然のことながら日本列島の倭の連合国家から援軍が派遣された。

田中史生氏の『越境の古代史』（ちくま新書、二〇〇九年）によれば、四世紀後半以降の倭が、朝鮮諸国からモノ・文化の贈与を受け、その見返りに軍事的支援を行ったとしている。

鉄と人の流れ、そして交易の場としての前方後円墳にその歴史が見て取れる（詳しくは第七章で述べる）。田中氏は百済に送ったものとして傭兵に加え、軍船、武器、武具、馬、稲種などの穀物、糸、綿、布などを挙げており、百済からは地金の鉄鋌《てってい》が送られたとしている。

六・二　強かった高句麗――騎馬民族の強さの秘密

高句麗の広開土王は朝鮮史上最強の王である。その強さの秘密は、敵の牛馬と羊を奪い、住民を拉致しながら、敵の武器を奪いながら戦うことにある。この戦闘システムの完成形がヨーロッパや中東まで席巻、世界を震え上がらせたモンゴルの騎馬軍団である。この時代から、騎馬軍団が通った後は一木一草残らない戦争が始まったと考えられる。

敵の牛馬の獲得と住民の拉致、家財の収奪は何を意味するか？　蒙古軍の戦い方を説明しよう。戦争には兵とともに大量の鉄や食糧が必要であった。何しろ、一度の戦端で数万の兵が対峙し、数十万の矢が必要になるのである。食糧は敵から奪った家畜で賄う。消耗する武器を補充するために、戦場で敵が放棄した武器や甲冑、農耕具を自軍の甲冑、鏃や剣などの武器に変えた。兵は、捕虜にした敵兵をそのまま自軍の兵に編入し、前線に押し立てる。

軍隊と工場、食糧倉庫が同時に動きながらの戦い方であった。彼らは数万、数十万の騎馬、歩兵、家族一体で動く。家畜、鍛冶場まで一緒に動いた。捕虜の中で技能を持つものは工人となり、兵力の増大に伴って武器生産力も高まる。農村集落は焼き払われ原野になった。まるで軍隊蟻の行進である。従わない者は殺し、恭順する者は使う。敵のモノを奪いそれを自分の兵力にしながら増殖する軍は、兵站《へいたん》輸送を必要としない。

高句麗軍の陣容は平壌の古墳の壁画と埼玉県行田《ぎょうだ》市の埼玉《さきたま》古墳群の副葬品からわかる。北朝鮮の平壌の近くに高句麗全盛時代の最大の古墳安岳《アナク》三号墳の壁画がある。正確に年代がわかる墳墓で、紀元三五七年に六九歳で死んだ高句麗の王侯貴族の夫婦の墓である。壁や天井には当時の高句麗の生活や軍隊の訓練、行進、スポーツなどを描いた壁画がある。

そこにはおよそ三〇年後に広開土王が倭国と戦うであろう精鋭の高句麗軍の行軍の様子が描かれている。二五〇余名からなる行列で、鮮明に見えるのは行列の中央隊列の部分。上段の先頭には歩兵は軽そうな木製の盾を持って行進している。これは青谷上寺地《あおやかみじち》遺跡で出土した盾と似ている。次に騎士団が続き、中ほどに楽団や荷を担いだ従者、隊列の最後にも歩兵と騎馬軍団が続く。

注目すべきはこの騎馬と騎士で、鉄の鎧を着て、馬体は鉄製の小札（鉄片で編んだもの）

徳興里壁画古墳前室の鎧馬武士団（部分）

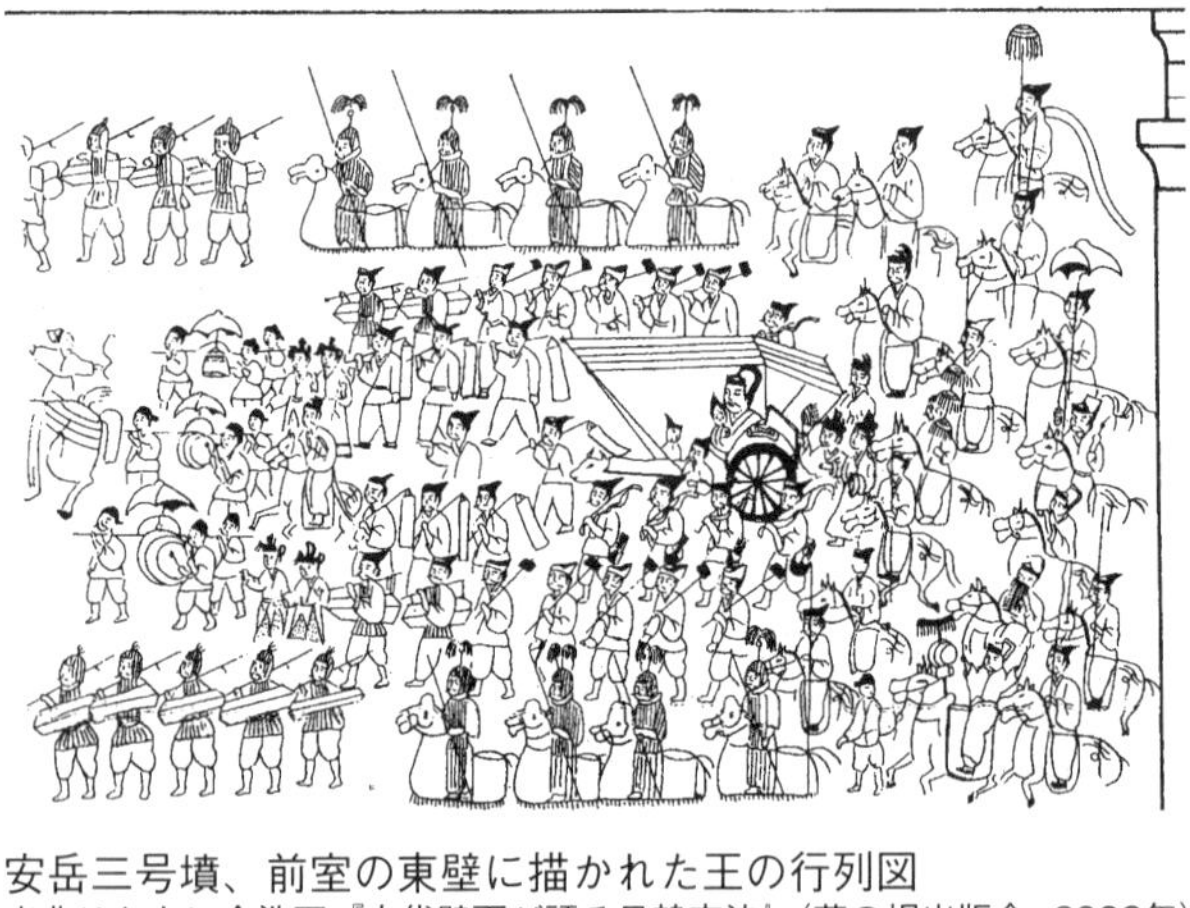

安岳三号墳、前室の東壁に描かれた王の行列図
出典はともに全浩天『古代壁画が語る日韓交流』（草の根出版会、2002年）

で完全に固め、馬の顔にも鉄製の馬面を着けて完全武装をしていた。馬甲面である。この鎧馬騎士団は高句麗が無敵を誇る鉄騎軍団であった。中央に王がいる。すでに高句麗は四世紀に牛車を使っていた。

当時の戦闘は弓矢で勝負が決着していたが、この重戦車のような鎧馬の登場によって弓兵はけちらされ、戦争のスタイルは変わった。馬の尻尾に鉄のイガイガが付いた蛇行状鉄がある。馬の背後から兵が近づこうとすると、馬が尻を一振りし、後から近づいた兵は大怪我するか死に至った。まるで第二次世界大戦のドイツの機甲師団のような軍隊であった。

倭軍は五世紀初頭にこんな軍隊と戦って、簡単にひねりつぶされた。大伴金村《おおとものかなむら》が耐えきれず百済へ任那割譲をおこなったのもこの頃である。

五六二年、任那（伽耶）は高句麗が後ろで操る新羅軍によって滅亡する。倭は朝鮮半島における拠点を失った。五八七年、蘇我馬子が物部守屋を滅ぼした理由も、日本海側の豪族争いで、倭国系の物部一族を新羅系の蘇我一族が滅ぼしたと考えれば得心がゆく。

高句麗は隋の大軍にも勝っている。高句麗は隋と五九八年から六一四年まで四回、戦を行った。暴風雨、内紛などがあり、そのうち全軍で戦ったのは一回だけであるが、これで隋は完敗し、国は傾き、ついには滅亡した。

倭国の衰退は広開土王との戦いより徐々に始まる。広開土王碑によれば、「新羅と百済は高句麗の属民であり、朝貢していた。しかし、倭が三九一年に海を渡って高句麗に来たので倭を破った」とある。『日本書紀』にはそこは「百済が非礼をした」としか書かれていない。

朝鮮半島の倭人と伽耶は次第に、南に追いつめられる。この時代から『日本書紀』では、広開土王と戦ったのはヤマト軍になっている。本当は倭国軍であるが、『日本書紀』が『百済本記』から書き写されたとすればうなずける。

『日本書紀』には潤色がある、というより虚構がある。多くの識者は『日本書紀』と『三国史記』にあるので、事実としているが、上田正昭氏は『渡来の古代史』（角川選書、二〇一三年）で、『日本書紀』における百済、新羅との関係は、百済の遺民が執筆したもの、虚構が多いという。

大和から朝鮮半島まで七〇〇キロ、大軍を送れる兵站輸送能力が当時の大和にはない。もし、参戦していれば、群馬、埼玉、熊本の遺跡のように高句麗のものすごい武具が出るはずであるが、まったくない。そろそろ、歴史家は『日本書紀』から卒業する必要がある。

六・三　倭が負け続けたわけ——馬、狼煙《のろし》と海路の制約

釜山の地下鉄二号線に乗って大淵《テヨン》で降りると釜山博物館がある。その展示室で、朝鮮半島を実質支配していたのは中国（漢）ではなく、高句麗だったという証拠を見つけた。この展示が本物であればという前提であるが、紀元一世紀、楽浪郡時代の狼煙図と狼煙台のレイアウトである。

博物館の二階の展示室に紀元一世紀に半島全体に張り巡らされた狼煙台のマップと大きな狼煙台基地の模型がある。マップには現在の北朝鮮から韓国までの全土が描かれている。中国との国境の鴨緑江《ヤールージャン》から約七〇箇所、西の順天《スンチョン》、木浦《モッポ》の方面から約五〇箇所、そして、釜山方面から四〇箇所、合計二〇〇前後の豆電球の狼煙台が現在のソウル（当時の漢城）にめがけて点滅している。

これはすごい！　さすが騎馬民族、南北八五〇キロメートル、東西三五〇キロメートルの半島のどこかで何かが起きれば、すぐに駆けつけることができる。高句麗の拠点があったソウルにすぐに情報が伝わる国内ネットワークが当時からあったのだ。

この狼煙台の一つの基地（駐屯地）のレイアウトを見ると、約一〇〇メートル四方程度かと思われる、周囲を柵で囲まれた駐屯地の敷地に、直径三、四メートルはあろうかと思われる土で作った煙突状の大きな炉が三基、詰所とともにあり、兵が常に数人駐屯している。この狼煙台の情報が送られる先は、中国の出先機関たる楽浪郡（平壌）ではなく、ソウルになっている。初めは「どうして平壌ではないのか？」と不思議に感じたが、つまり、楽浪郡は有名無実になっていたのである。漢江の河口の帯方郡がこの時代の朝鮮半島の中心になった。紀元二世紀には馬韓の中心地になる。それから、四世紀に新羅になる辰韓も含めている。

学芸員（ボランティア）のリーさん（Lee Young Ju）の説明では、狼煙台は、西暦四五年に漢や倭が海から襲ってくることを想定してつくられたという。海から倭の近づく船が一隻ならば、一つの狼煙、数隻くれば二つ、大軍が来れば三つの狼煙を上げたという。それを聞いて納得した。

司馬遼太郎も、壱岐・対馬を描いた『街道をゆく』の中で、平安時代の狼煙台が同じようであったことを記している。一朝有事の際には、狼煙は大宰府や都に伝えられたという。漢の時代の技術が高句麗を経て日本に伝わっているのである。

前述の通り、釜山からソウルまでに四〇基ある。高速鉄道「KTX」で釜山から東大邱《トンテグ》、大田《テジョン》を経てソウルまでの距離は、ほぼ四〇〇キロ、ちょうど、一〇キロメートルに一ケ所狼煙台がある計算になる。日本でも狼煙が視認できる距離はその程度である。日本でおこなわれた実験によると、時速一五〇キロ程度で狼煙の情報は進む。二時間半、新幹線と同じくらいの速度で釜山からソウルまで情報は着くことになる。

高句麗と倭との戦いをイメージしたと思われるビデオがあり、倭人らしい海賊が海岸に近づき、上陸するや否や、たちまち蹴散らされる。倭人はこんなすごい高句麗と戦いながら、朝鮮半島の「鉄の路」の確保に腐心していたのである。

戦争が始まって、四一三年に倭の讃王が東晋安帝に朝貢、高句麗を何とかしてほしいという陳情をおこなった。その後、済、興、武と四七八年まで九回朝貢が続くが、中国は弱体政権が続き、倭国軍は次第に南に追いやられる。

高句麗との戦いは勝てる戦いではない。理由は単純、兵力、装備が違う。重装備の師団レベルの軍隊を相手に海兵隊が勝てるわけがない。

さらに、季節、天候である。秋から春先は、日本海は荒れ、船を動かせない。台風や低気圧の通過もある。とくに冬の間に倭国の拠点は騎馬軍団に蹂躙される。春になって援軍が反撃、壊れた港湾の集落の修復、防護機能の強化、拉致された民を奪還し、失地回復をおこなっても、消耗戦になった。『三国史記』では簡単に戦いとしかいっていないが、倭軍は海兵隊で兵員も少なく、場所も蔚山《ウルサン》や釜山などの港湾都市であった。小さないさかいが何年も続き、次第に撤退していったと考えるべきであろう。

船を交易路で動かすためには、海岸線に沿っておよそ二〇キロ毎に一つの港が必ず要る。しかも、寒い冬は船を動かせない。六六三年白村江の戦いで日本は敗れ、西海岸の港湾網を完全に失う。その後、遣唐使は住吉の大神に祈ろうとも、陰陽師にすがろうとも東シナ海を渡ると頻繁に遭難した。港を繋ぐことの大切さを、当時の船乗りも現代の歴史家も認識すべきである。

六・四　古代高句麗ブームの到来

四世紀、五世紀の倭国の武が活躍していた時代の国家の範囲は、九州から信州、群馬、埼玉まで及んでいる。この範囲を否定する学者はいない。そして、四世紀末に日本の連合軍として全国から朝鮮半島に出兵し、完敗したのも事実である。

やがて、和解し帰国したが、大勢の帰還兵が戦利品か朝鮮土産として高句麗や新羅の金銅装馬具・鉄製武具・装身具類・須恵器などを持って帰国したと考える。また、埼玉県行田市の稲荷山古墳、熊本県和水町の江田船山《えたふなやま》古墳の「ワカタケル大王」の銀象嵌《ぞうがん》の銘入りの剣のように、功績があった豪族に下賜されたものもあったろう。古墳の副葬品の多くは高句麗との戦利品であった。江田船山古墳で剣と一緒に出てきた金銅製冠帽は新羅か高句麗、兵庫県加古川市の行者塚《ぎょうじゃづか》古墳金銅製帯金具は中国晋の時代のものである。

しかし、大阪府の藤井寺市と羽曳野《はびきの》市にまたがる古市古墳群で出土する甲、刀、剣、鉄鏃群は、「倭の五王」の時代と考えてよいかどうか迷うところがある。

九州から関東で出土する甲冑、刀剣類は土産の類のものであり、それぞれ少量である。が、古市古墳群や百舌鳥古墳群では大型墳墓の脇の陪塚《ばいづか》、培家からあたかも兵器庫のように鉄鏃、鉄鋌が大量に出土、まったく性質を異にしている。この二つの古墳群については、七章で詳しく説明する。

帰国した戦士達は同時に高句麗文化も導入し、高句麗人も渡来したと考えられる。一世を風靡《ふうび》したものの後に否定された江上波夫氏の「騎馬民族王朝説」は、実は当たらずしも遠からずであったのではないだろうか。太平洋戦争では、日本人は「鬼畜米英」と徹底的に闘ったが、終戦後、日本人の生活はアメリカナイズされ、一番の友好国になった。それと同様、強敵との苛烈な戦いの後には当然、畏敬の精神があり、ブームは起きた。

海洋民族の倭人以外の祭祀も広がった。出雲は部族が国の一カ所に集まり十月に大祭をおこなう習慣を四隅突出墳丘墓の時代からおこなっていたと考えられるが、信州や関東にも広がった。これは豊作祈願の新嘗祭《にいなめさい》ではない。遊牧民族である高句麗の神は四神と天星である。朝鮮半島の高句麗、新羅の馬具、王冠、刀が九州、丹後さらに信州からザクザク出土しているのみならず、高句麗の文化まで伝わっている。相撲もこのとき全国に広がった。

埼玉《さきたま》古墳群に属する稲荷山古墳から、象嵌の太刀とともに高句麗特有の蛇行状鉄器を装着している馬形の埴輪が出土している。銘入り刀の発見は、鉄剣が出た埼玉古墳群の近くの酒巻《さかまき》古墳群の14号墳から、高句麗文化の影響を受けた多くの人物埴輪が発掘された。その出土した人物埴輪のなかから「みずら」の髪型をした男の埴輪、相撲をとる力士埴輪が発見された。高句麗から海を渡ってきた人々の生活・風俗文化がこの関東に定着していった。

江上波夫氏の「騎馬民族征服王朝説」がロマンとして登場するのは無理からぬところである。実際、出雲、群馬、栃木の毛国（毛野《けの》）には騎馬民族系の国家ができていた。「倭の五王」の五世紀末までの二〇〇を超える国家は、主として海の交易で繋がる連携国家であった。しかし、高句麗との戦争で若者の漕ぎ手を失った日本海、九州の国々は衰退する。妻木晩田《むきばんだ》もその一つであった。

六・五　伽耶、百済救済のための瀬戸内海航路

先に述べたように倭国の衰退は五世紀初頭の広開土王の大敗より始まる。朝鮮半島で鉄の交易を生業としてきた倭人と伽耶はその後、半島の東側の交易拠点を次々と失うことになり、代わりに高句麗、新羅が海運業を始め、半島全域から日本海交易を直接おこなうようになったからである。

それを受け入れたのが、ヤマト朝廷に近い敦賀の大王応神天皇や関東の毛国であったと考える。敦賀の隆盛は、当然、丹後の衰退につながった。高句麗戦争後、朝鮮半島の東半分は失われ、日本海沿岸は新羅と倭国が共同で港を経営することになり、蘇我氏の台頭がそこにある。

倭国と百済は、高句麗の南下を食い止めるために、大和と九州を結ぶ瀬戸内海の航路をつくることが焦眉の急になった。まだ、西瀬戸内海は通れなかった。東側は卑弥呼の時代に吉備と播州御津、淡路島そして河内湖まで、幾つかの古墳を繋ぐ一つの経済圏ができていた。新羅の王子の来航から四百年後である。

四世紀後半から航路を開く努力は続き、「倭の五王」の一人、雄略天皇と比定されている武の時代に、伽耶と百済とヤマトの間で交易路が開かれ、すぐに船が入るようになったと考えられる。そして、鉄が本格的に流れ出したのは五世紀、不思議に物語は面白くなる。

日本海側の航路は新羅人の影響を受けることになった。新羅の船には水や食糧を提供したが、百済の船は安全に通ることができない。狼煙で次々と知らされ邪魔され漂流を余儀なくされる。したがって、百済は別の航路を開く必要性に迫られたのである。

『日本書紀』の雄略天皇の吉備征伐が五世紀半ばに始まったとされているが、実際はもっと早く四世紀半ばに吉備は倭国の交易船が通れる状態になっていた。三世紀に遊牧民族によってつくられた東瀬戸内海の航路は、大型船が通る倭国・ヤマトの航路になった。

六・六　水鳥の紋章の謎

取材のために釜山にある三つの博物館、国立金海博物館、釜山博物館、福泉博物館を訪れて、埴輪に似た水鳥土器と水鳥紋章の甲冑を見た。国立金海博物館の学芸員のジョン・ガン・オーさんは、水鳥は伽耶王国のある部族の紋章であるという。水鳥の紋章というが、一枚の鉄でできた甲冑に模様が打ち出されていた。その当時、伽耶は沼地でもなく水鳥が多い訳ではない。冬になると水鳥は日本に渡る、そのあたりがすごく気になった。

遊牧民がなぜ水鳥であろう。しかも同様な遺物がたくさんある。新羅人の住む朝鮮半島の東半分は牧草地で水鳥は関係ない。そして、思い出した！　日本海の妻木晩田や出雲の博物館、ヤマトの大王の古墳の写真で、水鳥の埴輪を見た記憶がある。鉄があるところに、この水鳥の土偶がある。

さらに、たしか、日本海のどこかの遺跡にも水鳥の土偶が出ていた。大阪府の古市か百舌鳥古墳群かのどこかにも……。ネットで調べるとあった！　鳥取の妻木晩田遺跡、さらに他にも日本海沿岸に水鳥の埴輪が多い。

そして大阪府羽曳野《はびきの》市の、なんと応神天皇陵の誉田御廟山《こんだごびょうやま》古墳である。何羽もの水鳥が出土、現在は東京国立博物館に収蔵されている。この古墳全長約四二〇メートルという墳丘長は大仙《だいせん》陵古墳に次ぐ日本第二位の古墳で、宮内庁の管理になっている。また、馬見《うまみ》古墳群の巣山古墳の周溝内にもあった。

ただ、この水鳥は、記紀に伝わるヤマトタケルの白鳥説話では死者の霊を慰めるものとして白鳥になっているという。また、誉田御廟山古墳から国宝の金銅製鞍金具や鮮卑系の馬具が出土している。藤井寺市の津堂城山《つどうしろやま》古墳、全長二〇八メートルには水鳥埴輪があり、三羽の大きな埴輪で、中央の高さ一〇九センチ、羽をたたんで水に浮かんでいる。また、東日本最大の群馬県太田市の太田天神山古墳（全長二一〇メートル）でもくびれ部に水鳥型の埴輪があったという。

『三国志』『魏書』「東夷伝」弁辰条には「大鳥羽をもって死を送る。その意は死者を飛揚せしめんと欲す」とあり、鳥が死者を天上へ送る役割をもっていたという。この話はヤマトタケルが死んで白鳥になる物語とそっくりである。

多くの鎧には水鳥の紋章があり、日本海側、さらに百舌鳥古墳群にも水鳥の埴輪、土偶が数多く出土している。水鳥こそが日本海、瀬戸内海の水を進む倭国水軍の紋章である！　騎馬民族の辰韓や高句麗にはない。伽耶王国、倭国そして応神天皇の紋章でもある。水鳥は、五世紀初頭、大和と伽耶、日本海の諸国が一致してことに臨んだ証拠である。

六・七　大和に鉄鋌と馬が運ばれたわけ

歴史をバラバラでみていると全体がわからない。四世紀末から五世紀の初め、倭国は高句麗の騎馬軍団に大敗を喫したことは繰り返し述べた。重戦車のような馬に圧倒され、高句麗の調教師を呼んで関東に馬の文化を広めたと考える。戦後、長野県、群馬県に毛国の豪族によって馬が輸入され、多くの牧がつくられた。

倭国連合は古墳時代中期の五世紀、高句麗と壮絶な死闘を繰り広げる。次第に伽耶、百済の一般市民、工人が日本に疎開する。その疎開先は時の倭国政権の庇護を受け、戦争対策に船や兵員を送った。その見返りに鉄鋌が大量に送られたとは考えられないか？

　また、馬の生産については二つの流れがあったように思われる。伽耶と百済の難民がいた大阪平野では西の済州島付近から百済の馬飼が入って四条畷付近で牧がつくられ、騎馬軍団の育成に勤しんだ。馬は瀬戸内海から運ばれた形跡はないが、四条畷に日本海から運ばれたと考えられる。もう一つ、毛国とその勢力範囲にあった信州、群馬にも牧がつくられ、馬が増えた。彼らは、元は遊牧民で、この稼業にはすぐに慣れた。

　大和というのは五世紀初頭の段階で、倭国連合の一つの国家であったに過ぎない。倭の王から毛国と大和の河内の豪族に軍事基地化の要請があったとみるべきであろう。

　戦争のために送られた馬であるが、結局、輸送用や農耕用に使われることになり、大陸の勇猛な馬の戦闘用具は、王族のステータスを示す馬を飾る芸術的金具に変化した。飾り馬の風習とともに国産馬具作りが進み、河内平野の経済を潤した。実に平和な国である。六世紀には実用的な環状板付轡《くつわ》が量産されるようになる。

　瀬戸内海ではさらに鉄鋌も運ばれた。愛媛県今治市の大木遺跡や岡山市の造山《ぞうざん》古墳遺跡からそれが窺える。だが、私の勉強不足かもしれないが、日本海の島根、鳥取、丹後、さらに九州の宮崎県の遺跡からは鉄鋌は出土していない。

右奥より鉄鋌、鉄鋌、鉄鋌・棒状鉄製品、右手前 鋳造鉄斧片
（画像提供：大阪府立近つ飛鳥博物館　原品保管：公益財団法人大阪府文化財センター）

なぜ、五世紀半ばに瀬戸内海だけに大量の鉄鋌が運び入れられたか。当時日本海側は新羅・高句麗の影響力がある航路になっていた。百済・任那が選んだのは傭兵を集めることができた瀬戸内海である。すでに百済では戦争で疲弊し、工人が疎開していなくなり、製品ができる状況になかったので半製品の鉄鋌が運ばれたとも考えられる。

そして、鉄鋌が交換財として使われた。地方では鍛冶技術が向上して鉄素材だけがあれば、鍛造鉄製品ができるようになった。鉄鋌と交換されたのは地方の人、しかも兵隊であった。百済と任那（倭国）は鉄鋌を大阪湾に運び、ヤマト国は地方から人を集めた。

その交換が、鉄の公設市場である前方後円墳で行われた（第七章で詳述）。豪族の墳墓に鉄鋌が敷き詰められているのは、あの世でも大勢の兵士を雇って、武器をつくって守れるようにという願いが込められているのである。

さらに、難民として避難してきた工人に職を与えるためにも、伽耶、新羅は鉄鋌を送った。大勢の工人がヤマトに帰化し、捲土重来を期した。彼らはこの鉄のインゴットで甲冑の量産を始めた。その代りに、ヤマトから朝鮮半島に兵隊が送られ、戦争を持続させた。ただ、送られてくる鉄鋌には粗悪のモノもあったという。

奈良県橿原市の新沢千塚《にいざわせんづか》126号墳ではササン朝ペルシャ系のガラス器、青銅製火熨斗《ひのし》（アイロン）、東アジア全域の金銅製の装身具があり、高貴な伽耶人が埋葬されたものとされている。奈良県斑鳩《いかるが》町の法隆寺西側三五〇メートルにある藤ノ木古墳では、金銅製馬具、鉄地金銅張馬具、鉄鏃、王の冠や大帯など装身具とともに二体の成人が埋葬されているが、伽耶の高貴な貴族と考えられる。五世紀後半には伽耶から大量の文物とともに伽耶人が日本全国に到着し始める。

河内の柏原には朝鮮半島からたくさんの工人が亡命し、働く場が増えた。それまでは大和

甲冑（写真提供：豊中市総務部・豊中市教育委員会）

の南郷、布留《ふる》という二つの大きな鍛冶集落があったが、河内を代表する鍛冶集落として柏原市大県《おおがた》遺跡群が五～六世紀に発展する。渡来人の工場で、伽耶から持ち込まれた鉄鋌が材料に使われた。このような鉄工所が東大阪の町工場のルーツになったのではなかろうか。

大阪府堺市の百舌鳥古墳群に鉄鋌、武具などありとあらゆる鉄が朝鮮半島から財産として運ばれた。さらに、六六八年唐・新羅連合軍によって高句麗が滅ぼされ、大勢の高句麗人も来た。彼らは東日本の同胞のところに居を構えた。

六・八　謎の国・伽耶がつくった西大阪の工業団地

伽耶は謎の国である。『三国史記』によると、洛東江《ナクトンガン》流域の地域、東側に辰韓、西側に弁韓の間、現在の釜山国際空港がある金海《キメ》から西岸に居を得て、加耶、加羅、加良、駕洛、任那など様々な名称で呼ばれた、六ヵ国の都市国家があったという。

ここでは、豊富に生産される鉄で交易が早くからおこなわれていた。実は、ここが倭人の朝鮮半島の拠点であった。都市国家という記述も卑弥呼、「倭の五王」の時代の国の姿に符合する。またここには日本府があった。任那に関する史書の記述とも符合する。

伽耶の人は、蚕を育てて服地をつくり、五穀を栽培した。王は宮城の中に瓦葺きの家をつくって生活していた。今の金海市鳳凰台遺跡と高霊池山洞古墳群が王宮址と推定される。住民は主として竪穴住居（草などで屋根を葺いた建物）に住んでいたが、二階建ての楼閣もつくった。この楼閣は望楼であった。

伽耶人は、主に畑作によって食糧を得ていたが、狩猟や貝類の採集も欠かせない食料獲得手段であったという。これは日本の弥生時代の原風景でもある。

四世紀後半から五世紀初め、倭国が高句麗と戦っていたとき、三国の新羅が洛東江の東の慶北一帯を支配する大きな王国を完成させていたが、倭国の衰退とともに伽耶も衰える。

倭国大敗の一五〇年後、五六二年にこの伽耶が滅亡し、その後百年、盟友の百済も同じ騎馬民族の新羅に六六〇年滅ぼされる。そして、百済復興を助けるべく、出兵した日本も六六三年の白村江で唐・新羅の連合軍に敗れた。海洋民族は騎馬民族にはどうしても勝てない。しかし、その高句麗も六六八年に唐・新羅連合軍に滅ぼされてしまった。

朝鮮半島の倭国が滅びるまでの二百年、倭人と伽耶人は、すこしずつ九州・瀬戸内海を経由して帰化した。河内への渡来人の痕跡は九州北部から瀬戸内海沿岸に今も残っている。

六六三年の白村江の戦いの前には、さらに大量の鉄がやってきた。そうした遺物が堺の百舌鳥《もず》古墳群から出土している。この地は港に近い。鉄鋌、武具などありとあらゆる鉄が財産として運ばれた。次に、唐によって高句麗が六六八年滅ぼされ、大勢の高句麗人も来た。彼らは東日本の同胞のところに居を構えた。武蔵国の高麗《こま》郡や高麗神社、北陸の小松（高麗津）はその痕跡である。

伽耶国の紋章は水鳥である。応神天皇の古墳から水鳥の埴輪が出る。その後、新羅人も近畿にやってくる。新羅系の優良馬具が古墳に登場する。奈良県藤ノ木古墳の金銅製馬具もそのひとつである。

伽耶は、朝鮮半島の歴史にほんの一時、瞬間的にできた海洋国であり工業国であった。だが、ここの工人の多くは大阪平野に移住し、強大なヤマトの国をつくることになる。一方、モノづくりの民を追い出した朝鮮半島は、産業が空洞化し、搾取する貴族と働いても報われない奴婢の国として残った。

負けるが勝ちという言葉もある。突然、五世紀頃に全国同時に、鉄を大量に副葬品にする古墳が増えている。古墳という市場で鉄の取引が数多く行われ、寄進があったものの一部がそこの豪族の副葬品になったのであろう。倭国は高句麗の広開土王に敗北したが、結果としては日本海を挟んで離れていた鉄の製錬所を集約したことで、却って工業力を高めることができた。

鉄の歴史から見れば、上田正昭氏、石野博信氏などが「なぜ突然四世紀末、五世紀に大和大王家の河内進出があったか?」と語った疑問の答えがここで出たような気がする。朝鮮半島の繁栄の拠点であった伽耶そのものが、大阪湾に移転したのだ。朝鮮動乱の時期の「動乱景気」と同じ、大和の豪族たちが鉄を目当てに山から下りてくるのは当然であった。

今日の国際情勢風雲告げる時代、日本の歴史家はこの隣の国と我が国の海と陸の歴史を改めて検証し直すべきであろう。

長い目でみれば、戦争に強いだけではない、汗をかき労働にいそしむことができる国づくりができるか、できないかの違いに、将来の行く道のヒントが隠されていると考える。

現在の中国と香港の関係は、高句麗・新羅と任那の関係に似ている。一国二制度が消えるとき、香港の富も、信用も、技術も中国の手から消えてなくなる。中国は学習ができない国で統治が下手である。やがて、香港の大富豪の市民や優良企業が日本に来ることを祈る。長い目で見れば人を救うことが国を富ませることになる。

六・九　鉄鋼王・継体天皇がつくったヤマト王国の骨格

倭国の歴史は鉄を巡り高句麗と漢、魏、唐との戦いに翻弄された歴史であった。五世紀初めの高句麗との戦いでは倭国軍は日本海沿岸を中心に全国から徴用され、多くの兵員を失った。埼玉県、群馬県、長野県、鳥取県、宮崎県など中期の古墳の副葬品に、帰還兵が持ち帰った武具である鉄刀、鉄鉾、馬具が眠っているのが、その事実を証明している。

一方、丹後や鳥取から多数の船の漕ぎ手が出征、失われてしまい倭国の力は衰退していったと考えられる。倭国は各都市を船で繋ぐことが基本の国家であり、漕ぎ手や船がなくなればその同盟は自然に崩壊する。その後、別の航路が高句麗、新羅との提携で始まった。

だが五世紀から六世紀に漕ぎ手がいなくなったのは、高句麗との戦いだけが理由ではない。別の大きな要因に、五二七年の磐井の乱と、たたら製鉄の誕生がある。

磐井の乱は、九州倭国とヤマト王権を巡る国を二分する戦いで、九州倭国水軍の主力も痛手を受けた。あまり気づかれていない重要な事実がある。磐井の乱で継体天皇は、ヤマト朝廷として初めて水軍を瀬戸内海に通した。これは、ヤマト国が大阪湾から瀬戸内海を通って朝鮮半島まで遠征した最初の記録と思われる。

六万の兵といわれるが、山陽道を通った形跡がなく、日本海岸を歩いて通った記録もないので瀬戸内海を渡ったのであろう。しかし、どう考えても六万という軍勢はおかしい。戦国時代に黒田官兵衛や小西行長といったプロがいて初めてロジスティックス（兵站輸送）が可能になる。規模としては関ヶ原の戦いと同じ軍勢であり、当時の輸送能力では不可能な数字と断言できる。

一八七七年の西南戦争の際に、明治政府が九州に七万の兵を送るだけでも苦労したのである。このように、話は誇張されているかもしれないが、とにかく瀬戸内海に軍勢を送った最初らしい。

また、中国山地に眠る豊富な砂鉄を鉄にする大鍛冶の技術、たたら製鉄技術が実用化され、さらに国内に鉄が一巡したことで、朝鮮半島に力技で行く必要がなくなったのである。船を漕ぎながら戦う「倭人」には需要がなくなった。

白村江の戦いにおけるヤマト軍の主力は、大和、信濃、静岡、東北からのようであった。これらは海の戦いでは素人集団で、兵の数こそ数倍勝ってはいたが、準備をして待っていた唐、新羅の連合軍に簡単に敗れた。朝鮮半島まで大和から七〇〇キロメートル、海で戦う経験がない陸兵が、漕ぎ疲れて戦えば、敗北するのは当然であった。また、狼煙によってヤマト軍の動向は完全に把握されていた。隋軍が高句麗に破れた薩水の戦いと同じである。そして、唐・新羅連合軍はその六六八年に高句麗も滅亡させた。

五世紀から倭国は負け続けた。歴史は事実を書いていない。なぜ負け続けたか？　騎馬と海軍は騎馬の方が強い。集散できる速度と装備が違う。ヤマトと百済の連合軍は戦いがあるごとに、海に落ち延びた。ただ、百済が滅亡せずに長く残ったのはその地形による。

九州倭国の生き残りの倭人は、後日、博多の商人、九州長崎の松浦党、瀬戸内海の芸予諸島の村上水軍、塩飽《しわく》諸島で官船警護や航海援助にあたった塩飽の水主《かこ》（こぎて）になった。一部は八幡大菩薩の旗を立てて東シナ海を暴れる倭寇となった。磐井の乱で誕生した日本海軍は勝利を得ないまま滅んだ。そして、これは、倭国から大和への日本国の主役の交替の儀式でもあった。

第七章

解けた前方後円墳の謎——古墳は鉄の公設市場

七・一　『日本書紀』にもない不思議な王墓

古墳時代には、全国的に首長から家長までさまざまな権力者を葬るために大きな塚が築かれた。誰でも知っている古墳時代――日本の古代史の常識である。最も大きなものは大阪府堺市大仙《だいせん》陵古墳（仁徳天皇陵）の全長四八六メートルの前方後円墳があり、小さなものは直径数メートルの円墳や方墳がある。当時の人口から考えて大変な数である。

古代史研究では、この古墳は「日本の人口が増え、近畿に統一されてゆく過程、すなわちヤマト王権の伸長を示す祭祀場」と考えられてきた。奈良県と大阪府にまたがる巨大古墳の変遷がそのような王権・王墓論の傍証とされ、『日本書紀』と巨大古墳群を比定する河内王朝論、河内政権論が展開されてきた。

二〇一五年に「大阪府立近つ飛鳥博物館」で「古代出雲とヤマト王権――神話の国の考古学――」という特別展が開かれ、白石太一郎氏の基調講演があった。氏は「鉄資源の入手を巡る抗争がヤマトと九州にあった。それを契機に広域連合が形成された。中国鏡の分布が北部九州から近畿に移った三世紀初頭のこと」という趣旨の発言をされた。

この「古代出雲とヤマト王権」では奈良県天理市の西殿塚古墳、奈良県桜井市の桜井茶臼

大仙陵古墳（写真提供：時事通信フォト）

山古墳、同メスリ山古墳、天理市の行燈山《あんどんやま》古墳など大型の前方後円墳や出雲市の西谷3号墳など大型の四隅突出型墳墓も王墓といい、累代の大型前方後円墳を築造した政治集団を「ヤマト王権」といい、これを全国に広めた、広域政治連合墳形や規模の差は各地の首長の格式を表現したと語っている。これについては定説のように語られているが、遺跡などで証明されたものではない。

　そもそも「記紀」には現代人がこだわるような王権・王墓の話はない。「記紀」にあるのは「○○の陵をつくった、葬った」といった程度の記述である。たとえば、仁徳陵については『日本書紀』では「百舌鳥《もず》野陵《ののみささぎ》に葬りまつる」と簡単にしか書いていない。昔は人の死について現代人ほどこだわっていないようだ。ということは祭祀にもこだわっていなかったようである。

なぜ、現代人は祭祀にこだわるのか？　それには理由がある。謎解きの最終章で述べることとしたい。

王墓・王権という言葉はどこで生まれたか？　門脇禎二氏によれば、東京大学を定年退官し、国立歴史民俗博物館初代館長の井上光貞氏が『日本古代の王権と祭祀』（東京大学出版会、一九八四年）を出版され、それ以降ヤマト王権という言葉が一般化していったという。門脇氏は、これについて政治と祭祀の中味がわからないと批判されている。森浩一氏も多くの論著で、また、『前方後円墳の世界』（岩波新書、二〇一〇年）の著者広瀬和雄氏も王権・王墓はよくわからないという。どうも、用語の中身が曖昧なまま、すれ違いの議論を続けてきているのではないだろうか。

日本の古代史の王権・王墓論は、国家、国土、民族の定義をまず明確にしないと、議論のスタート点に立てない。祭祀という言葉も曲者である。

大きいという感覚だけで物語をつくっていないだろうか？　被葬者がいない前方後円墳が大和古墳、古市古墳群はじめ五大古墳群には数多くある。祭祀、埋葬だけでは古墳は説明できない。

私は、鉄やその他の技術の流れから見て、大和の五つの古墳群、大和《おおやまと》古墳群、佐紀古墳群、馬見古墳群、古市古墳群、そして百舌鳥古墳群のうち三世紀初頭に鉄の輸送に関わっていたのはどうも丹後と結びついた佐紀古墳群だけである、と見る。

当時、丹後、出雲も大和も漂着難民と現地弥生人の融和を最優先にしており、王権どころではなかった。物部氏の拠点といわれる天理市の布留遺跡、葛城氏の拠点といわれる南郷遺跡群は佐紀古墳群と同時期の馬見古墳群に近いが、鏡を扱う馬見《うまみ》古墳群に鉄が流れ始めたという兆候はない。

「耶馬台国は近畿にほかならない」という説の根拠になっている奈良県桜井市の箸墓古墳であるが、それだけでは女王の墓とするには無理がある。

七・二　四角と円の結合を求めた日本型公設市場

古墳時代の三世紀中ごろから七世紀まで、五二〇〇基の前方後円墳が全国でつくられたが、長さ二〇〇メートル以上の巨大なものは三五基、そのうち三二基が奈良、大阪、兵庫、残りは岡山に二基、群馬に一基ある。すべてが舟で行ける場所にあるか、水路を見下ろす、睥睨《へいげい》する場所にある。

弥生後期の最後の時代、紀元二〇〇年頃であるが、各地で王墓と呼ばれる大型の墳丘墓が登場している。その代表的なものに北部九州の平原《ひらばる》遺跡、岡山の楯築墳丘墓、出雲の西谷3号墓、丹後の大風呂南1号墓、越前の小羽山《おばやま》があるが、これらは円形、長方形、四隅突出型と形は違うが、すべて海に面しており、柱穴貼石を持っている（ただし、平原は遊牧民の貼石ではなく、高い塔であった）。

九州の基は甕棺墓、周溝墓、一部円墳であったが、なぜ同時期に大型の墳丘墓が生まれたのか？　ヤマト王権が命じたわけではない、命じた文章、木簡もあるわけではない。奈良盆地には湖の間に小さな都市国家群があるだけで、経済的な原理が働き、一つの流行として畿内から伝播したと考えられる。

交易で大勢の人が舟で訪れる場合、共飲共食をする場が必要であることは間違いない。それが、三世紀前半に前方後円墳の葺石を持った岡山県総社市宮山墳丘墓に引き継がれ、それと前後して纒向石塚古墳、纒向矢塚古墳、ホケノ山古墳などが奈良県桜井市に出現する。内陸の墳墓であるが、大和川と結ぶ長大な運河を築いている。擬似的な前方後円墳の出現である。これも舟をいれることを考えている。

単なる陵墓ではない。そこに人や舟が集まる工夫がなされている――市場である。ただ、例外もある。弥生後期、古墳時代前期の京都府与謝野町の大風呂南遺跡や京丹後市の赤坂今井、太田南古墳群は山の頂にあり、舟では行けない。

遊牧民は、移動しながら塚をつくったが、放牧をしない日本では、テリトリー（牧草地）を争う必要性がなく、縄張りを塚で示す必要もなかった。旅の目的だけであれば、陣取りゲームのように幾つもつくる必要ではない。同じ地域で幾つも塚をつくるより、一つの古墳を共同経営すればより合理的である。後に詳述するが、丸と四角の民族を差別することなく扱おうとして、一つの大きな墳墓を集落の公設市場としてつくったと考えてよい。

朝鮮半島南部の円墳、遊牧民の角墳という、墓制の違いで反目しあっていた民族が、日本で融和を図るようになる。すなわち、多民族が集う市場ですべての民族が受け入れるために、旅の駅と公設市場を、丸と四角を用いる前方後円墳とするという統一基準をつくったと考えれば納得がいく。馬韓、弁韓の円墳と高句麗の角墳を融合させ、周溝墓の溝にステージを付けて公設市場としたのである。

私は、上田正昭氏はじめとする斯界の権威が長らく謎としている大問題にも答えが出たような気がする。前方後円墳は、公設市場、接待場と宿泊施設であったと考える。その形ですべての人を受け入れる、日本のもてなしの精神の表れであった。

七・三　遊牧民の塚の役目は終わった——そして、四角も円もなくなった

京都府埋蔵文化財調査研究センターの肥後弘幸氏がどうしてもわからないことがあったという。三世紀まで造られてきた小さな墳墓が突然造られなくなった、そしてしばらく時間を置いて、前方後円墳時代が到来するという。

これは「公設市場としての塚の集約化」が進んだことで説明できる。

朝鮮半島南部の円墳、遊牧民の角墳を、一緒にしてもよいと考えたのである。民族融和である。道しるべとしての個々の小さな円墳、石積塚は必要以上にはいらなくなったし、生きてゆくために必要なくなった。今までの祖先の円墳、石積塚に合祀する人々が増えてきたとみるべきであろう。

ただ、一時的に数は減ったが、前方後円墳小さな円墳、石積塚は、朝鮮半島、大陸から間断なく渡来人が訪れることで古墳時代を通して減ることはなかった。

七・四　丹後からヤマトへの「鉄の路」

近畿の四世紀頃の鉄器を見ると、奈良県桜井市のメスリ山古墳、大阪府茨木市の紫金山《しきんざん》古墳、京都府南丹市の園部垣内《そのべかいち》古墳、大阪府藤井寺市の津堂城山《つどうしろやま》古墳などの副葬品はほとんどが武器である。しかし、これ以降の古墳と違って高句麗との戦いで倭人が半島土産で運んで来たものではなく、日本海の漂着難民が持ち込んできたものと思われる。そこには四世紀中頃に登場する佐紀古墳群と丹後の大風呂南遺跡、蛭子山《えびすやま》古墳と佐紀古墳群が大きく関わっている。

佐紀古墳群はその立地場所が、奈良市北西丘陵部大和川の源流佐保川と淀川の上流木津川の分水嶺に位置し、唯一、二つの川を扼《やく》する重要な舟運の拠点であった。すなわち、三百年後に奈良の都ができた場所である。この地は瀬戸内海と日本海の両方に船団（軍）を動かせる兵要地誌上の拠点で、鉄も淀川筋と大和川筋に流すことができた。だが、今までこの地の重要性に触れた文献はない。

奈良盆地への鉄は丹後王国から供給された。竹野川の鉄のコンビナートから山越えをし、東端大風呂南遺跡と蛭子山古墳を経て、野田川から由良川を上り、福知山盆地、篠山《ささやま》を経て保津川・淀川、木津川から奈良盆地に至った。もしくは、福知山盆地から丹波を抜け、加古川に抜けた。丹後も地の利を得ていた。

この地を確保した渡来集団は、やがて、丹後の鉄を商う佐紀古墳群市場として発展した。丹後王国と佐紀古墳群のヤマト豪族は当然縁戚関係になった。丹後の姫が佐紀の里に嫁いだ。名を日葉酢媛《ひばすひめ》という。日葉酢媛の御陵の佐紀《さき》陵山《みささぎやま》（二〇七メートル）は丹後の網野銚子山古墳と同じ比率でつくられている。そして、その陪塚には海洋民族の遺物鉄剣、鉄鏃、農耕具もあるが、海洋民族の証である鉄の銛《もり》、ヤス、釣り針などが出土している。初期ヤマト政権と丹後の鉄の結び付きを証明している。

そして、佐紀古墳群からは鏡を輸出した。木津川市山城町椿井大塚山古墳《つばいおおつかやま》（全長一八〇メートル）から卑弥呼の鏡の三角縁神獣鏡が三二面出土している。この付近が制作拠点であったかもしれない。ここから全国に多数の鏡を輸出した可能性がある。大分県宇佐市の川部・高森古墳群の赤塚古墳に、椿井大塚山古墳出土物と同じ鏡が、日本海交易によって、九州に一つ、二つ届いても不思議ではない。ここの部族は鏡を生産、日本海の物資と交換していたと考える。

私は、「倭国大乱」の後、日本海側の川を上ってきた漂着難民と倭人が融和したマーケットをつくったのはヤマトであったと考える。佐紀の地の重要性と「奈良」という地名が物語っている。

奈良の語源については諸説あるが、主には韓国語説と、『日本書紀』の崇神天皇の条に求める説の二つである。前者は発音が韓国語の国という意味の「ナラ」と似ているということであるが、そうであれば、北方遊牧民の夫余のナラという言語が、百済と日本に渡来したと考えるべきで、時代を考えればこの時期に百済語が来たとは思えない。

一方、『日本書紀』崇神天皇の条に「官軍が進んだときにこの地で草木を踏み均《なら》した」とある。舟を通すために樹木を伐採し、「舟通し」をつくったと考えられる。

私がかねて疑問であったことは、斉明天皇六五八年と六五九年の二回にわたって阿倍比羅夫に蝦夷遠征をさせたが、軍港であった石上神宮から出陣したのち、どこの水面を通ったのだろうか？　ということであった。おそらく敦賀から舟で艦隊は北上したと思われるが、装備を含めて敦賀で船団の船を調達できる筈がない。実は『日本書紀』のこの記述が疑問の答えだったのである。大和から舟を仕立て、船団は石上周辺から出発し、この「舟通し」を通って敦賀に抜けて北上したと考える。

奈良盆地は水運が四通八達していたところと考えてよい。

七・五　大和の五大古墳群は地の利を得た巨大公設市場

大和古墳群、馬見古墳群、佐紀古墳群、河内平野に下りて古市古墳群、大阪湾に面した百舌鳥古墳群、これら五つの巨大古墳群を見ると、当時の交通、交易の拠点にある、それぞれの特徴を持った巨大マーケットであったことが見えてくる。

天理・桜井にある最初の古墳群、大和古墳群には、前方後円墳二七基、前方後方墳五基からなり、卑弥呼の古墳があるとされているが、ここの古墳には副葬品の鉄器は少ない。ただ、吉備との鉄の交易は行われていたらしい。

現在でも東西に近鉄大阪線、南北にＪＲ桜井線が走る「交通の要衝」である。当時、奈良盆地は大湿原で、この地は湿原の端に位置していた。そして、大和川と山側の交易路「山辺の道」の中継場所で舟と歩荷《ぼっか》の荷の積み替えを行っていた交通上の拠点であったと思われる。そこに市場が自然発生的にできていった。山地の輸送は大勢の歩荷を必要とした。

彼らが商品の物々交換をする公設市場は大きくなくてはならない。例えば、前方後円墳の箸墓古墳も大きな墓であるが、ここは中央市場であったろう。前に述べたように、纏向石塚では舟を着けるために水路と思しき溝が掘られており、箸墓古墳は最初の交易拠点であったと考えられるが、ここで鉄を交易していたような痕跡はない。吉備から円筒埴輪を輸入しているのだが、その対価は何だろうか？　交易の普遍的な約束事として対価を何で払ったかは、今後の研究課題であろう。

馬見古墳群は大和川の支流が本流に集まる狭隘部を睥睨する拠点にある。現在は馬見丘陵公園となっており、奈良県北葛城郡などに属している。近くに大和川の難所亀の瀬がある。六〇八年、遣隋使の小野妹子、裴世清《はいせいせい》の一行は大和川を上り、三輪山近くの海柘榴市《つばいち》で上陸したとされている。

海柘榴市は多くの市が立ち、賑わいを見せた場所である。大和川を経て河内湖（潟）からの船は、このとき、亀の瀬の手前で下り、滝のようになっている瀬を徒歩か輿《こし》で越え、再び船に乗り換え桜井の方に向かったとされる。舟も当時は陸で運ばれる区間があった。記録によれば慶長年間に開削されているが、その後も乗換えが続いているので、古代はもとよりこの滝の付近は渡渉せざるを得なかった。当然、乗換場所には賑わう市場ができ、やがて、この地は葛城氏の本拠になる。

馬見古墳群は陵墓が多く、副葬品は一部の墳墓に限られているが、石器類と刀、剣、斧、ノミなど渡来人の普通の埋葬品であった。そして、ここから大量の鏡が出た。田中琢《みがく》氏はここで倭人相手の鏡ビジネスが始まったと見ている。

古市古墳群と百舌鳥古墳群の二つの古墳群は、一部の古墳を除き、高句麗との大戦争の時代につくられる。古市古墳群は大阪府羽曳野市のある応神天皇陵の誉田御廟山《こんだごびょうやま》古墳に代表されるが、ここからは金銅製鞍金具や鮮卑系の馬具、刀剣、甲冑、銅鏡、鉄製太刀、馬具、刀、鉄青銅製品が大量に出土した。鉄は倭国と高句麗との戦いのなかで大量にヤマトに運ばれ、軍需工場というべき鉄工場もできた。

百舌鳥古墳群は大阪府堺市にある大仙陵古墳、上石津ミサンザイ古墳、土師《はぜ》ニサンザイ古墳など巨大古墳が連なっている世界最大の古墳群である。大勢の渡来人が居留し、日夜、戦時景気で荷物が揚げられ、大勢の人々が滞在した。

これらの河内平野の巨大古墳群は今までと違う目的でつくられている。河内に下りてきたこの二つの古墳群の時代に瀬戸内海が開通し、大量の鉄が運ばれ始めただけではなく、大きな交易（取引）が行われた。一つの政権が移動したのではなく、幾つかの豪族が突然訪れ、そこに交易の場ができ、新しい産業が起き、結果、大きな古墳のマーケットが形成されたと考える。広い大きな空間は百人単位で人が並んだ。戦地に送られる人が船に乗るために並んだのである。

（出典：「鉄とヤマト王権」大阪府立近つ飛鳥博物館図録52、一部改変）

大和五大古墳群と交易路

古市古墳群は外洋船から大和川を上る小舟に乗り換える場所である。古市古墳には大溝があるが、それは纏向石塚同様、公設市場に船を寄せる機能を持つ水路だと考えられる。

以上、すべての古墳群で舟の積み替え、歩荷の輸送で大勢の苦役が必要になった。数百人が働き、船乗りや旅人が共飲共食する空間も必要になった。

取引は現物取引、大勢の人間と鉄の交換は大きな面積の古墳が必要であった。

他の古墳も同じである。明石海

峡の五色塚古墳、丹後の神明山古墳、前橋天神山などすべて船が寄港できるつくりになっており、そこが交易の場となった。河内平野に王墓と呼ばれる巨大古墳ができる時期と呼応して、吉備に造山《ぞうざん》古墳、作山《つくりやま》古墳、群馬県太田市の太田天神山古墳が築かれる。巨大化は公設市場、すなわちマーケットの巨大化を意味し、夜な夜な大勢が共飲共食をした。もしくは大勢の人が関わる交易、兵員の輸送がおこなわれた。

七・六　前方後円墳はなぜ普及したか？——交易の実利を得た公設市場

日本列島だけでなく、倭国と交流があった朝鮮半島南西部でも前方後円墳は普及する。全国の渡来人の墳墓の様式に代わり、日本海沿岸から、瀬戸内海、大阪湾、伊勢湾、東京湾（関東北部まで海であった）まで広がった。全国的に前方後円墳が、すべての宗教宗派祖霊を同化させる共通の規範を持った。公設市場は接待・宿泊の場、総合旅行センターとしても機能し始めた。

死者を弔う祭祀やマツリだけの場所であれば、宗派が違う部族は集まらない。また、ヤマトの威令だけで全国に普及させることは無理である。公共市場のグロバールスタンダードとして全国に広がったのであろう。毎日の市場で得られる巨大な交易の実利がないと、誰も大きなものはつくらない。死者を弔う祭祀やマツリだけでは現実的でない。生業をどうするのか？　現代でも通ずるが、毎日、毎日法事（祭祀）では生きてゆけない。

古代においても投資と収益を考えれば、巨大古墳はマーケット、市場しか考えられない。したがって、ある地域で古墳の数が一定量になると、それ以上、新たな古墳をつくる必要はなくなる。土器の調査は市場の放置された共飲共食の宴の残骸を調査しているようなもので、何が商われたか調査することが重要である。

したがって、古墳には需給バランスがはたらいている。ある地域で古墳の数が一定量になると、それ以上古墳は必要なくなり、つくられなくなるのだ。大和古墳群、百舌鳥古墳群では、埋葬者がいない古墳があるという。それらはセンターとしてのニーズが増えた時期につくられたのであろう。また、古墳時代後期になり需要が乏しくなると、埋葬者が出ても土で積む墳墓はつくられず、昔の墳墓に大勢埋葬したり、横穴式にしたり、群集墳になるケースが出てくる。単に陵墓をつくるためだけに、わざわざ土を積んで新たな古墳をつくるのは大変なのである。

日本の古代、古墳時代において全国統一の祭礼儀典のスタイルが普及し、同じ墳墓に定着させる方法が大和から発信できた。当時は、文字は一部の知識人は持っていたが、共通言語を紙で書くという情報伝達手段はなく、共通する言語がない時代、全国一斉に平和な円と四角の墳が普及した。大和にいた知恵者は偉い。「卑弥呼の鏡」の普及もブランドメニューとして後押ししたが、決して、王権の威令ではないと考える。

七・七　前方後円墳はなぜ巨大化したか？

五世紀から七世紀には古代の朝鮮動乱による特需が発生、古市古墳群、百舌鳥古墳群が登場するだけでなく、伽耶、百済の軍備のために、ヤマトの小さな古墳に鉄の多量副葬（備蓄）が広がる。

京都府長岡京市の恵解山《いげのやま》古墳、大阪府藤井寺市のアリ山古墳、同西墓山古墳、同野中古墳、大阪府堺市の黒姫山古墳などは単なる鉄器、鉄製品ではなく、大量の兜、鎧、剣、膨大な量の鉄鋌を保管している倉庫で、ほとんどが被葬者がいない古墳である。巨大古墳の脇にある陪塚《ばいづか》といわれている。

それでは、誰と誰がこの大量の鉄取引を行ったか？　私は、伽耶、百済の意を受けた九州、朝鮮半島倭国の高官とヤマト豪族の交渉がこの市場で行われたと考える。

河内平野になぜとりわけ大きな古墳がつくられたか。市場の取引は物々交換が原則で、大勢の傭兵と鉄の交換が行われることで説明がつく。

貨幣と同じような価値である鉄をもった渡来人がたくさん到着し、傭兵と交換する河内平野は人でにぎわった。朝鮮半島に兵員を送る場合、日本からの兵は、装備なしで海を渡った。甲冑を着けては歩けないし、舟にも重くて乗れなかった。傭兵は瀬戸内海、日本海を船で平服で渡り、半島に着いて初めて装備品が支給された。

古代の朝鮮動乱による戦時需要のために、五世紀から六世紀初めに公設市場の古墳は河内平野に下りて、一つひとつが大きな古市古墳群と百舌鳥古墳群ができる。この二つの古墳群は高句麗の大戦争の時代に同時につくられる。

大阪府羽曳野市にある応神天皇陵の誉田御廟山古墳からは、金銅製鞍金具や鮮卑系の馬具、刀剣、甲冑、銅鏡、鉄製太刀、馬具、鉄青銅製品が大量に出土し、鉄製品の多さに驚くが、瀬戸内海航路がなければ運べる量ではない。鉄は倭国と高句麗との戦いのなかで大量にヤマトに運ばれ、軍需工場というべき鉄工場もできた。

河内に下りてきた古市古墳群の時代に瀬戸内海が開通し、大量の鉄が運ばれ始めただけではなく、大きな交易（取引）が行われた。一つの政権が移動したのではなく、幾つかの豪族が地の利を得て、そこに交易の場ができ、新しい産業が起き、結果、大きな古墳のマーケットが形成されたと考える。

広い大きな空間は百人単位で人が並んだ。戦地に送られる人が船に乗るために並んだのである。

貴人は舟を漕がず、専門の水主《かこ》（こぎて）が登場、海運業に従事した。宿泊すべき人が増え、堤防、港湾建設、運河開削が行われ始めた。替りの漕ぎ手を用意する必要が生まれ、待機場所もつくられた。

鍛冶施設に目を向けて見よう。奈良県天理市にある布留遺跡では刀剣類を生産し、奈良県御所《ごせ》市の南郷遺跡群では伽耶からの帰化人の技術指導を受け金銀細工の工房が発展した。五世紀には高句麗との戦いのために近畿の鍛冶工房が増え、渡来の工人による甲冑の鋲留《びょうどめ》技術が普及する。これらは朝鮮半島の戦場への輸出もあったろうが、ヤマト王朝から下賜という記録はないので、地方との傭兵交易の交換財として使われたのであろう。

六世紀から七世紀になると摂津・河内から鍛冶遺跡が減少し、大阪府交野市森遺跡、柏原市大県《おおがた》遺跡、大県南遺跡など巨大製鉄遺跡が登場し、また品質のよい鉄鋌が大量に輸入された。

結論からいえば、この五つの古墳群は、当時の兵要地誌上の拠点に百年以内につくられたもので、別に王権の移動でもなんでもない。奈良盆地での水運から陸送の積み替え、もしくは、舟の山越えの地点である。万世一系の王墓、王権なるものを考えようにも、古墳の統一性、連続性がなく、現状では無理が生じるだろう。

七・八　前方後円墳はなぜ消えたか？

そして、その前方後円墳が六世紀末突然消える、正確には消えるわけではなく、需要が落ちて供給が追いついたため、新しい古墳がつくられなくなったと見るべきであろう。朝鮮半島での戦争もなくなり、また仏教伝来で旅の形と埋葬が変化し、古墳はつくられなくなった。つくられても三段が二段になるなど、より質素になっていった。何よりも、朝鮮半島との鉄の取引がなくなった。中国山地で自前の鉄が「たたら製鉄」で生産できるようになったことが大きい。

しばらく、古墳は公設市場として使われるが、それから百年余り後、仏教の普及と陸化が古墳のお宿を必要としなくなった。八世紀になり、隋、唐の駅制、延喜式で道路が整備され、船の一部が馬の輸送に代わり、施薬院、寺、屯倉がつくられ始めた。歩荷《ぼっか》に代わって馬が働くようになった。大和政権が駅制を導入したことで古墳のビジネスは必要としなくなった。

七・九　古墳の環濠は港であり防護柵であった

もう一つ、古墳時代、前方後円墳には環濠がある。普通は二重にある。交易拠点になった古墳には賄い、膳の準備をする造り出し部をつくり、客を迎え一晩を過ごさせる。

船乗りは自分の船を寝るところの近くの内側に係留したがるものである。船を襲われれば交易の品すべて失うばかりか、命の危険がある。もてなす側も安全のために彼らの船を彼らの周りの内側に置かせた。そして、物資の交換や食糧の運搬のために訪れたオーナー側の船を外側の環濠に置いた。これはあくまで仮説である。

彼らは相互に襲い襲われる心配はなかったし、荷物がなくなる心配もなかった。集落側も客を墳墓の周りに留めておくことで夜襲の心配はなかったのである。古墳の環濠は安全のための機能であった。

この例は古代地中海都市のガレー船の港でも見受けられる。柵ではないが城壁と港の水路が、防御と輸送機能との微妙なバランスを持って建設されている。古代フェニキアやローマの港では、商港と軍港を分け、その間を行き来できないようにしていた。夜襲を恐れたのである。もてなす側、もてなされる側両方に、環濠と柵は必要であった。

さらに、関東では塚はつくられず、平坦な先祖の墓地の周りに環濠を掘った円形周溝墓が多い。農耕に携わる庶民の墓であったと思われる。ただ、交通の便が舟であるために道路と同じように墳墓の周りに周溝を掘り、一族の墓のエリアを明確にしたと考える。

これまでにも触れてきた浸水対策であるが、治水が行われていないので、洪水は日常茶飯事で、洪水時は高い墳墓の上に逃げた。周囲の環濠は水の勢いを殺《そ》ぐ機能も有したと思われる。

七・一〇　埴輪の役割

埴輪についても祭祀同様よくわかっていない。現代の解釈は哲学的である。以下は大阪府立近つ飛鳥博物館編の『埴輪群像の考古学』（青木書店、二〇〇八年）の埴輪の紹介文である。

「形には形態（つくり）と意味（はたらき）がある。形態と意味は別々にあるのではなく、形として結びつき、形態は機能にしたがう。とすれば、形態の時間的な空間的な進行は、じつは意味の変化につれて起こった。意味の変化のひとつのあらわれとして、埴輪の種類の変遷がある。新しい種が加わるときに埴輪を並べる場として、新たな空間が準備される。円筒埴輪はもとをただせば器台と壺。円筒埴輪は器台と壺をかたどっている。壺と器台は食物提供という性格がある。当然、円筒埴輪は、タテマツルというイメージを伝えている。それからさらに、捧げて持つというイメージが派生する。円筒埴輪はたくさん並べれば当然、空間を境界づける。メタファーとして時間も境界づける」

などなど書かれていることは、哲学的でよくわからない。

駅制、総合旅行センターを水際に設置、水路を掘り、船を入れる。一〇隻、二〇隻と多数の船の接待をおこなうので空間の説明が要る。当時統一された日本語はなく、共通する言語がなかった。文字も帰化人の一部が漢字をつかったが文字がなかった。さらに、韓人もやって来る。

そんなとき、最も有効なのは「形でわからせる」ことである。現在の日本でも使われているトイレの印と一緒である。文字であればわからない。そこで象形埴輪である。

埴輪は岡山県を中心とする吉備地方、備前、備中、備後、美作、すなわち岡山県から広島県にかけての地域で発生したという。最初は円筒埴輪だったようだ。

弥生時代の後期の後半（三世紀）、有力な首長たちが土を盛ったお墓をつくりはじめた。そのお墓に供献された特別に立派な壺と、その壺を載せる大きな台が、埴輪の起源であるといわれている。

私の意見は、そうではない。私は、埴輪は交易のための公設市場、さらに宿泊施設における「パーティション」であったと考える。

交易において、プライバシーは必要である。その区画は人数によって変わった。円筒埴輪で壁を動かせるようにしたのである。多くの先生も円筒埴輪は垣根（境界性と中心性）のイメージをもっているという。当時、板壁で移動式のパーティション技術をつくることは難しく、代わりに素焼の柱がパーティションの壁に使われた。これであれば、人数によって動かすことができた。

そして、もっと重要なことがある。大勢が入って火を焚き、どんちゃん騒ぎをした。その際、円筒埴輪の上の大鍋で煮炊きをしたのである。大勢集まれば湯水は絶対に必要だ。円筒埴輪の中で火を焚くことで遠くからの目印にもなり、市場の明かりになった。このように円筒埴輪は、市場の区画、調理器具、照明器具として古墳に不可欠なもので、最初に普及した。

次にできたのが家形埴輪という。これには三つの意味があると考える。祖霊の前で、神殿、神事をおこなう中心の場、そこの集落の長と鉄や珍品を持ってきた船乗りとの間で交渉をおこなう場、眠る場所、寝室を示したのではないか？

円形の前方部は塊葬の場と祖霊を前にして取引交渉をおこなう場と考える。ここで死者に対する祭祀を行ったことを示すような土器が出た例はないという。

小浜成《こはませい》氏は、古墳を飲食物供献儀礼の場と考えている。私は、儀式も必要であるが、交歓会を考えた。『古墳時代の考古学』（網野善彦他監修、学生社、一九九八年）の中で、車崎正彦氏も造り出しに人物埴輪や動物埴輪を並べたのは、中小古墳であるゆえに小さな古墳を多目的に利用しようとしたのではないかと述べている。空間を多目的に使うパーティションなのである。

その次に出現したのは動物の埴輪である。猪、馬、鳥などの埴輪は何であったろうか？私は、宿泊する部族のうたげの場所を決めたのであろうと考える。『魏志倭人伝』には、「使訳通ずる所三十国」という表現があるが、通訳を通して、半島の倭国、高句麗、原三国など外国の船にも対応して、動物で部族というか人種、属性を示したのではないだろうか。鳥族、猪族、馬族など、到着した人種に対する分類であったと考える。たとえば、水鳥は倭国、イノシシは弥生人、馬は渡来の遊牧民といった具合に。共通する言語や概念がない時代である。

現在も日本の田舎の宿屋に行っても英語が通じない。埴輪は「外人」は「こちらへ」である。この時代、埴輪の時代には馬は日本にぽつぽつ出現していた時代であるが一般化していなかった。客人達の属性を示し、馬は騎馬民族の渡来人などとしていたのであれば得心がゆく。ただ、この仮説には根拠がなく、当時の中国や朝鮮半島に類例を求めるような研究も必要となろう。

第八章

「現場の常識」で歴史を見直そう

八・一　文献学と現場主義の対立

〈古代、船は対馬のどちらを通ったか？〉

前作で「対馬から半島への船の航路が間違っている」と指摘された。中世の対馬の帆船時代の地図をみると、最古の地図から近世の地図まで、船はすべて対馬の東側を通っているから西側を通る説は間違いであるという。指摘をされる方は「調べていない、間違いだ」とおっしゃる。私は、一七世紀に始まった朝鮮通信使の航路も東側で、帆船時代にはすべて東側であるのは知っていた。邪馬台国の九州説の諸先生方も東側で議論されている方が多い。

だが、これはどこにでもある「検証がない定説」であることを申し上げたい。私は西側と語ったのは、手漕ぎをやった者しかわからない「現場のカン」である。この海峡は対馬暖流が西から東へ流れ、速いときで時速一から二ノットで、西から東に流れている。

手漕ぎのカヌー、カヤックでは、真横の西風と流れを受ければ、どんなに漕いでも対馬の岸からみるみる離れ、釜山の沖を通過して日本海の真ん中まで流され海の藻屑と消える。運がよければ能登半島付近に漂着する。

出発地点は西海岸しかない、さらに、風が出るリスクを考えれば、絶対に西海岸から出発する。そう信じて潮と風向きを考えながら、西海岸で出発点を探したら、「あった！」古くから名前が「渡海宮」と呼ばれる和多都美《わだつみ》神社である。

これは古い神社で鳥居が海の中に消えている。まさに海を渡る宮で、長い経験から船旅の最適な出発場所として決まったのであろう。前作にはこんな詳しいことは書かなかったが、同じように海の中の鳥居を備えた神社には、宗像大社の中津宮、有名な厳島神社の赤鳥居がある。

海を渡るには船だけでなくそれなりのスキルと天候を読む眼力がいる。木造船なら帆があろうと大船であろうと、この海では時化《しけ》れば遭難する。小さくても速い舟が鉄則であった。足が速ければ避難できる。最初の鉄は海に慣れた倭人が小舟で運んだのである。しかし、四世紀後半に馬や甲冑の運搬や移民が発生し帆船時代になる。

〈調べればわかる「神武東征」の時期〉

ヤマト政権が交易船を通せるようになったのは、古墳時代の中期の初め五世紀半ばからである。単純に船が物理的に通れる、通れないという議論ではない。紀元前、あるいは縄文時代には通っているかもしれないが、鉄器時代には通っていないのである。「神武東征」や神功皇后の三韓遠征が、どんな国際情勢の中で描かれたのか、それを探求することも重要であると言える。

私の友人の木村豊博君が「神武東征」の時期を、「記紀」と古代地形から調べてくれた。これらから読み解けば、大阪湾（河内潟）の陸化の速度から、草香邑《くさかのむら》、白肩之津《しらかたのつ》と浪速の渡しが存在する時期に「神武東征」が行われたという。この文献と地形の照合結果から、彼は「神武東征」は三世紀から四世紀になるとしている。

五世紀以前の「記紀」の編年は信頼できないというのは、多くの識者が指摘している通りで、文献だけで歴史を組み立てるのは危険であり、現場との照合が必要である。

八・二　言葉のトリックに騙されるな

一般人にも歴史学者にも、古代の瀬戸内海を通って鉄を運んだように考えている方が多く、前作で「通れない」「通っていなかった」と説明したところ、たくさんの方から反論を受けた。説得力がある鋭い指摘もいただいた。

その一つが、「昔から瀬戸内海は穏やかで島陰が多く、縄文時代から人は住んでいた。北岸沿岸や島伝いに通れている。数多くの遺跡も発掘されている。カヌーで現在も通れる。稲作も遠賀川式土器も東西移動している。通れないというのはおかしい」というもっともな反論である。

文献だけに頼る世界では「通る」という言葉の概念に幅がある。「通れない」という言葉の意味が間違って理解されている。土器やコメは隣の島に行くことで伝言ゲームのように数年、数十年掛けて伝わる、だが、これを通れるとはいわないだろう。カヌーによる危険な冒険もまたしかりである。

尺取虫のように細かく船を繋いでゆく当時の航海では、瀬戸内海の潮の流れの早い水路では、潮待ち港がないと難しい。それでは港があったのか？

岩場だけの島が続き、水を得られなければ遭難するし、敵がいれば通れない。当時の最大の難題は島嶼部の高地遺跡であり、この海を通る船を襲撃していた。上から矢を射て攻撃できる砦が数多くあった。遺跡からは飛距離が出る弩《ど》と呼ばれる大型の弓矢の鏃も見つかっている。この海は通れるとは言わない。

瀬戸内海を船で航海された経験はおありだろうか？　瀬戸内海は、大阪湾から明石海峡を通り、播磨灘、備讃瀬戸を経て備後灘、燧灘《ひうちなだ》、安芸灘、伊予灘、周防灘から関門海峡を抜ける、およそ四〇〇キロメートルの自然の水路で、今も昔も数多くの船が行き交う。フェリーは大阪南港、神戸から下関、大分まで一晩で航海している。

その時代、その時代で、「どんな状態で船を通すか」「どんな環境か」を考え「船と港は助け合わなければ通れない原則がある」――そこがポイントである。

言葉だけの議論をしていると、大きな陥穽《かんせい》にはまるかもしれない。

八・三 「ヤマト政権ありき」に疑問を感じるべき

地中海のガレー船は、風と、櫂を漕ぐ力で進む。古代の日本の船もほぼ同じ。一日漕ぎ進んだところに港がある。地中海のガレー船の場合、地中海の真ん中では、漕ぎ手が代わりながら昼夜を分かたず進むが、アドレア海の入口、コルフ島を越えクロアチア側の海岸線に沿って進んだとき、そこには有名な世界遺産のドゥブロブニクを始め、数多くの崖に張り付く小さな港がある。港、港で休息をとりながら船はヴェネツィアまで進む。西海岸のジェノヴァからイタリア半島の海岸を南に下ると、小さな港が数多く続き、つま先の先端のメッシナ海峡まで続く。中でもナポリから南のアマルフィ海岸では、崖に港が一定間隔に張り付いている、実に不思議な光景を見ることができる。

中世、北ドイツやオランダのハンザの商人達の場合は、数人で小舟に荷物を積んでクリークを引っ張って進む。川沿い、運河沿いの小さな港町が点々と続く。手漕ぎの舟で一日に二〇キロメートル前後は進む。必ず雨風をしのぎ、疲れをとり、休むための宿が旅には必要になった。寒い日には暖かい食事を、暑いときには冷たい水を提供する。交易が行われ舟が通っていたなら、当然、日本にもヨーロッパと同じような宿があるはずである。

最近、取材で出雲、鳥取から豊岡までの山陰線を旅する機会があった。日本海側の列車の旅はのんびりと海が見え、旅を楽しむことができる。米子から鳥取の間、約一〇〇キロメートルの間、海は列車から離れない。この間、古代の船団なら一〇から二〇キロメートルごとに港を繋ぎ、天気の都合を考えると五日から七日間程度掛かる。この付近の遺跡分布図をみれば、確かに、安来、妻木晩田、青谷上寺地遺跡を経て鳥取の千代川河口まで一定の距離で遺跡が繋がっている。ところが、県の発掘史料には港の遺構としての記述がまったく見当たらない。

豊岡の袴狭《はかざ》遺跡の線刻画にあるように古代人はコンボイ（船団）で旅をする。仮に約一〇隻を一隻あたり一〇人で漕ぐとすると約一〇〇人が食事をし、寝泊まりする。港では船宿として大きな施設があった筈であるが、ない。奈良や橿原などの先生方はすべて祭祀場として指導している。不思議である。

あえて例を挙げよう。鳥取県埋蔵文化財センターの出版物『鳥取県の考古学第三巻　弥生時代2　戦いと交流・墓とまつり（二〇〇七年）』を見れば、大山《だいせん》の山裾の妻木晩田遺跡や、西高江、茶畑山道遺跡では、巨大な柱穴がある建物跡があったが、説明はすべて豊作祈願の祭祀場である。詳しく説明すると、妻木晩田の外港的位置付けがあり、外洋の海の条件を見て船待ちをする西高江の場合、宿泊施設らしい巨大な柱の遺構は「春先や秋の収穫の祭りのための祭祀場」という説明である。山陰地方第一の名峰大山の山裾であり、当時は間違いなく鹿やイノシシが走り回る原生林である。何の収穫であろうか？　不思議な説明である。

大阪の池上曽根遺跡では、同じような船宿が立派な神社風の建物に「復元」してある。奈良や橿原などの国の専門機関は巨大な柱の建物はすべて祭祀場として指導しているようだ。鳥取県は卑弥呼の倭国の中心であるにも拘らず、おかしな祭祀である。

日本の中央史観の古代史は、少なくとも弥生後期まで、「まず、ヤマト王権ありき」の世界を描いてきた。日本海側と朝鮮半島の西海岸に点在する都市（正確には村落）の倭国は無視、軽視されてきた。中国地方の書物や鉄、卜骨などの遺構は体系的な調査もされず、港の施設は「弥生神殿」と見なされるのみである。

鳥取県の妻木晩田と島根県の出雲荒島遺跡は、鉄や鏡の流れから見て、倭国の首都に近い重要拠点であるが、鳥取県は中央史観に染まり、県自ら正しい古代人の歴史を毀損していると考えるのは私だけであろうか？

八・四　能登半島にも、船を陸で曳く道があった

洋の東西を問わず交易によって富が得られるところは、領主や商人が一緒に運河を掘っている。ハンザ同盟の大きな運河建設を紹介しよう。バルト海諸国からラインデルタのベルギー、オランダまでの一番の難所は能登半島に似たユトランド半島があり、ハンザの商人にとってそれをどう回るかは大きな問題であった。

ヴァイキングの冒険航海では回ったが、手漕ぎの船では難しいというより不可能に近かった。ハンザ同盟は一二世紀に北ヨーロッパに君臨していた赤髭王バルバロッサ（フリードリッヒ）に資金提出をさせ、エルベ川からバルト海に九四キロメートルの運河をつくらせた。これがヨーロッパの閘門《こうもん》付の運河の嚆矢《こうし》であるシュテクニッツ運河である。

それより以前の八世紀、ヨーロッパを再統一したフランク帝国のカール大帝の政治が参考になる。彼はドイツではカール大帝、フランスではシャルルマーニュ大帝、イギリスではチ

ャールズ・ザ・グレイトとそれぞれ別の名で呼ばれ、キリスト教社会の中興の祖とされている。「倭の五王」の武のように、ヨーロッパを転戦して領土を広げ、ヨーロッパの現在の国々の骨格をつくった王である。

カール大帝は、橋や道路を整備するとともに、運河や港や教会を造りながら行軍した。有名な話では、ライン川とドナウ川を結ぶ運河計画をつくっている。歴史書によれば、七九三年に着工したが、天候不良と兵員、兵糧の不足などによって失敗した。二キロメートル掘削して放棄したとも、あと二キロメートルで掘削できたともいわれているが、この運河掘削の跡は現在「カロリナの溝」(Fossa Carolina)と呼ばれ、ニュールンベルクの南に一条の溝として残っている。ヨーロッパの水運連携に努力したのである。豊臣秀吉が大谷刑部《ぎょうぶ》に命じてつくらせた琵琶湖から敦賀湾を結ぶ横断運河と同じで、途方もない計画であり、すぐに放棄された。

しかし、彼の整備した道路、運河は、エルサレムへの巡礼者の旅ブームを起こし、一一世紀の十字軍遠征のきっかけをつくった。洋の東西を問わず、有能な為政者は商人から資金を集め、あるいは税で道路を整備、教会や寺院を寄進し宿泊所を整備した。商人を活用し、必要としたのである。

　であるから、私は能登半島においても、応神天皇が絶対に運河をつくっている筈だと考えた。そこで地図をみたところ、羽咋《はくい》海岸と七尾の間に低い地形の場所がある。羽咋海岸の邑《おう》知潟《ちがた》から平坦の田園地帯を二〇キロメートル進むと、和倉海岸に出る。一日の旅である。沼沢地や浅い川を進み、一部船を陸上曳航するものである。

　この地を調べるためにクルマで回った。古代の手漕ぎ船で回れば一週間以上は掛かる。しかも、福良を越えれば能登金剛、狼煙《のろし》など崖ばかりの海岸が続き、かろうじて輪島に港がある。手漕ぎの舟では航海は難しい。福井県の海岸から神社は続くが、羽咋海岸を越えると神社はなくなる。

　しかし、遺跡のパンフレットによれば、なんと、邑知潟の水路にそって、縄文時代から水路の利権を守り、その地を防御する機能を持った弥生時代からの遺跡がたくさんある。そして、中には造船所、玉造工場もある遺跡があった。前作で、丹後半島に船の山越えルートがあると述べたが、この地の地形や遺跡の状況は丹後半島に似ている。さらに進むと七尾線の能登部駅付近に、たしかに船を陸で曳くポイントがあった。船は七尾湾まで運ばれるが、能登部駅の右側の小高い丘には能登二宮の天日陰比咩神社《あめひかげひめじんじゃ》があり、その主祭神は久久能智命《くくのちのかみ》と大己貴命《おおなむちのみこと》そして応神天皇である。屋船久久能智命《やふねくくのちのみこと》は船と木材の神で、大己貴命は翡翠の神様であるらしい。西には北陸有数の雨の宮巨大古墳群がある。

八・五　歴史的水路を顕彰するヨーロッパ、目をつぶる日本

交通工学、経済学そして世界史の常識があれば、古代の大和の五大古墳群がつくられた理由が見えてくる。大和の五大古墳群――大和古墳群、馬見古墳群、佐紀古墳群、河内平野に下りて古市古墳群そして百舌鳥古墳群の五つを「記紀」と比定するような研究は、前提が間違っている。

丹後も、能登半島も、そして大和の五大古墳群も、舟が山を越えた史実を認めれば、古代史がコペルニクス展開をする。多くの先生方が認められないのも無理はない。舎人親王さえ、『日本書紀』で水路の重要性を把握せず、六五六年に斉明天皇がつくらせた一二キロの運河を「狂気の溝掘り」と語っているほどだ。

これらの水陸の輸送の接点に公設市場ができるのは洋の東西を問わず、昔からの常識である。そのような場に古墳ができ、環境設備がおこなわれることは誰でもわかる。継体天皇は畿内の水路を整備している。淀川水系の樟葉《くずは》、筒城《つづき》、弟国《おとくに》と都を移し、二十年後に大和に入ったとされているが、陸化が進む畿内においてカール大帝のように水路と道路整備に力を注

いだと考えられる。通説では、先代・武烈天皇の家臣の抵抗があって大和に入れなかったというが、数年ごとに三度も遷都した理由がわからないために出てきた想像にすぎない。通信手段が未発達の時代には、お飾りでない指導者は現場に近いところにいるほうが良い。この時代に陸化が進む畿内で、カール大帝のように水路と道路整備に力を注いだと考えられる。

応神天皇の運河がある石川県も丹後運河がある京都府も、そして多くの水路がある奈良県も運河・水路にはまったく興味がない。歴史的水路を顕彰するヨーロッパと大きく違うところである。

八・六　葬られた倭国の卜骨祭祀と騎馬民族の四神崇拝

我が国では、『日本書紀』、『古事記』に書かれた説話が歴史であり神話になっている。それを補強するかのように、神道を模写した古代祭祀や祭り像が多くの場所で描かれている。考えればわかるが古墳時代と日本の神道が誕生した時代は、三百年は違う。

古代の祈禱は素朴な人間的な感情を吐露するもので、航海の安全、天候、病気、収穫などの祈禱が主であったが、中央史観に基づく祭祀や祭りの解釈が、古代の歴史をわかりにくくしてきた。こうした研究には内部での批判がないのであろうか。前方後円墳の祭祀として、三世紀から五世紀にかけての卑弥呼の時代や高句麗の時代の祭祀と違う、八世紀に秦氏らによって確立した日本神道の儀式を着地させようとする学説もある。不思議である。記録が残っている推古天皇、天武天皇などの祭祀から紐解く考えや、『万葉集』の挽歌などが引用された祭祀、神道の祭祀に結び付けて、三百年前の古墳の祭祀を説明している。前方後円墳の時代になっても円墳や角墳はつくられている。定説が正しいとすればそれも不思議である。

歴史は過去の流れから紐解くことがあっても、現在あるモノを正当化するものではない。日本の神道は実に立派で、秦氏や聖徳太子のグループがすべての宗教、民族の融和、平和を願ってできたものである。戦争を指向しないことで最高にすぐれた宗教であると考える。だがそれは秦氏の渡来以降につくられた信仰で、古墳時代にはまだなかったものだ。

古代の鉄の流れから考えれば、海洋民族倭国の祭祀は間違いなく航海安全の卜骨祈禱である。卜骨は平安時代まで続いているが、古墳では行われていない。古墳は航海安全とは関係なく、「共飲共食」の場であるからである。

一方、四神崇拝であるが、『魏志』「東夷伝」高句麗条には十月に民族が国の一カ所に集まり大祭をおこなうとある。それを古墳に導入したのが出雲である。遊牧民族である高句麗の神は四神と天星である。石塚、古墳の祭祀はそのあたりにルーツがあり、丹後、出雲は四神崇拝に近い世界ではないかと思われる。

上田正昭氏は『渡来の古代史』（角川選書、二〇一三年）の中で、奈良時代、平安時代には、中国を崇め、朝鮮半島の高句麗・百済・新羅を外蕃の国として蔑視する「日本版中華思想」が顕著になったという。『日本書紀』の対朝鮮観が近代の日本思想にまで影響を与えている。現代がまさにそうである。

鉄の歴史を追うとき、高句麗の歴史に踏み込み、中央史観が中心地と見なす近畿以外の信州、群馬、埼玉の高麗の国の歴史をさらに詳しく調べる必要がある。それによって、まったく違う日本史が見えてくる。

三世紀の宗教祭祀の実際、たとえば、高句麗から鬼神の思想と信仰にもとづいた魔よけ思想が、二世紀頃に日本に渡来している。また、その時代の道教の神仙思想や牽牛と織女を中心とする七夕の儀式、中国東北部の原野を家畜と旅する放牧民の祭祀、状況を想像すれば、その時代の日本人の精神構造がわかるような気がする。これは上田正昭氏が常々主張している「帰化人の精神構造を探る」意味で重要である。

上田正昭氏は仏教、神道以外の道教などの宗教が伝来している筈でもっと研究する必要があると語っている。古代の寺院の瓦の研究によって日本人の精神の内面を探った石田茂作氏のような、地に足が着いた研究もあるが、今の日本人に結びつく思想研究がもっと必要と思われる。

八・七　祭祀場に化けた倭国時代の港の船宿と望楼

古代の大規模な集落の遺跡が発掘されると、大きな柱穴が出てくることが多い。キリスト教やユダヤ教など宗教関係者の方々とお話しすると、必ずこれらの巨大柱状施設が話題になる。「弥生時代、いや縄文時代に、全国で神殿や高楼が祭祀用につくられている。はるか昔、高度な知識を持ったユダヤの部族が数多く訪れ、我々の知らない神道を広めたのだ」と胸を張って語られる。

よく聞くと弥生神殿のトリックはこの柱穴と長い柱である。これは明らかに洗脳（トリック）にはまっているのである。タネあかしをすれば、一、二世紀の時代は日本はどこも巨木の原生林で、直径一メートル程度の丸太は簡単に入手でき、丸太のままでつくった方が簡単であった。室町時代までは鋸《のこぎり》がなかったので板壁をつくることは難しく、柱は丸太のまま屋根は茅葺《かやぶき》にし、壁はあっても網代壁《あじろかべ》であった。事情を知らないと柱の太さに驚くのであるが、中世の大規模な建造物を想像してはいけない。

次に異常に長い柱である。青森の三内丸山遺跡や出雲大社には高い望楼があり、九州の平《ひら》原《ばる》遺跡も高い柱があるという。これは上って海を絶えず見るのである。敵も、お得意さんも船でやってくる。敵であれば柵の門を閉め戦闘態勢に入り、いつもやってくるお得意さんであれば、湯を沸かし、料理をつくり、宴の準備をする。

この社会習慣は通信手段のない江戸時代までおこなわれた。日和山という地名が全国にあるが、港で船の到着を見張る山であった。たとえば妻木晩田、原《はる》の辻遺跡で長い柱が出ている。

ところが、日本の先生方は中国の「楼閣」であるという。いや、これは「望楼」である。望楼は楼閣の一種ではあるが、「王の権威を象徴する楼閣」あるいは「祭祀の楼閣」だとする先生方の話は、人類史を横断的に見ればどう考えても無理がある。たとえば西洋の城郭にも物見の塔がある。高い塔は洋の東西を問わず必要であった。望楼である。

自治体とそれを指導する奈良や大阪の神学者の先生も、文化庁も一緒になって、日本中の倭国の港の施設をすべて「弥生神殿」の祭祀場にしている。私は、神道を貴んでいるが、海洋国家である日本の歴史を、別のものに歪曲してもらっても困るのである。神を尊ぶならなおさら国民正しい歴史に導くべきである。

「弥生神殿」であれば、卜骨の祭祀、陰陽師のような具体的な祭祀の中味が示されていなければならない。それが日本の歴史学とヨーロッパのそれとの相違点である。宗教に寛容な日本であるから「なんでも祭祀」が許される。

世界各地で古代の港が発掘されている。日本では鉄や船の遺跡はザクザク出るが、古代の港は比定されていない。絶対に必要なもの、宿泊施設と望楼（見張り台）についても考えられていない。

地中海ヨーロッパの博物館や遺構では、民族の興亡があり、地層が少し違うと祭祀の遺跡が異なってくる。ゆえに、時代、時代の神や地の宗教儀式を丁寧に調査している。意図的に間違え、公的機関が歴史を曲げればとんでもないことになる。

日本の悠久の歴史は私にとっても誇らしいが、嘘をついたり証拠に目をつぶったりしていて、どうして祖先に胸を張れるだろうか。

私は前作で「歴史の収奪」と書いたが、宗教法人や個人なら自由であるが、日本海側の自治体自らが中央史観に毒され、自らで自分の地域の歴史を毀損していることに気づいていない。

八・八　古墳の台所・トイレまで水の祭祀――「何でも祭祀」

古墳が最初は祖霊儀典の場であったことには異論がない。だが、ある目的で始まったものが、数百年後もまったく同じ目的でしか使われないことが、いったいどれだけあるだろうか。古墳も時を経て、やがて祖霊を同じくするもののビジネス集会場になる可能性を多くの方は示唆している。

出雲の四隅突出型墳の西谷3号墳について、一つの報告例があるので紹介しよう。第七回神在月文化シンポジウム「王墓誕生」の基調講演「王墓出現の背景」で渡邊貞幸氏は、その祭祀について次のように述べている。「出雲では四本柱の墓上施設がつくられ、祖霊の上で人が集まり共飲共食をする場となった。その人たちがどこから来たかは土器でわかる。ここで特別な儀礼を大勢の人が参加しておこなっていた」

関東の前方後円墳の研究をされている小浜成氏は、古墳に飲食物供献儀礼と守魂・鎮魂儀礼の二つがあると分析している。

遠くから目立つ前方後円墳であれば、遠くから財物を持った旅人が来る。船団で来る彼らは一〇〇人前後の荒くれであり、最高のもてなしをして、商売をする。

古墳の頂上は大勢の客人、旅人をもてなす場として使われたであろうと考える。夏になれば冷たい水は飲むし、トイレは必要である。冬はお湯が必要、大きな甕《かめ》で湯を沸かしたことであろう。

学会を支配する「何でも祭祀」はおかしい。人間の旅と水の根源的な関わりを考えれば答えは見えよう。古墳の上は祭祀ではなく宴会を開くもてなしの場となる。古墳の上に井戸を設け、サイフォンで水を引いたりしたであろう。そこに賄《まかない》場《ば》や水場のステージやトイレがあるのは当然である。

日本の遺跡はすべて祭祀の場になっている。和田萃《あつむ》氏や白石太一郎氏は、これら施設は水にかかわる何らかの儀礼の場と考えている。旅人は喉の渇きを何で潤すか？　祈りではなく、水である。旅人のために水と食糧と寝る場所を準備する。すべて祭祀という見なす理由がわからない。

奈良県御所《ごせ》市の南郷大東《なんごうおおひがし》遺跡では、谷をせきとめダムをつくり、そこから木樋で水を引いてきて、簡単な建物の中にある大きな木の水槽に導き、それをさらに下流に流している。発掘時の写真があるが、これが祭祀場とみなされている。

また、古墳時代中期の初め（五世紀初め）の三重県松阪市の宝塚古墳で満艦飾の船形古墳

南郷大東遺跡（写真提供：奈良県立橿原考古学研究所）

が出土したことで有名であるが、その造り出し部（前方後円墳のくびれ部にあるステージ）に、家形の埴輪のほかにその周辺で、船形の埴輪とか、いわゆる囲形埴輪という特異な埴輪が出る。さらに水を流す施設、水槽のような施設がある。

ここも水の祭祀といわれている。そうであろうか？　そこを通る船乗りに対するもてなしの宴会をおこなう場ではないか？　そうであれば、賄《まかない》場《ば》やトイレは必要である。

トルコのエフィソスの遺跡ではトイレはトイレとして説明しているし、イタリアのポンペイ遺跡では、パン屋も売春宿もしっかり説明しているのである。すべて神格化し祭祀にする日本の歴史学のレベルはどうも国際基準からはずれている。

八・九 「邪馬臺国論争」——もう神学論争はやめよう

「邪馬臺国はどこか?」。『日本書紀』には、卑弥呼を神功皇后に比定する記述が存在する。『日本書紀』の神功皇后摂政三九年の条に「是年、魏志にいわく、明帝の景初二年の六月、倭の女王、大夫難升米等を遣わして、郡に詣《いた》りて、天子に詣らむ……」とある。

この文章は明らかにトリックである。ここでわざわざ卑弥呼と書かないで「倭の女王」とし、「卑弥呼は神功皇后である」と宣言している。舎人親王の邪馬臺国をヤマトにしたいという意図が見え透いている。

卑弥呼は日本海ならば航海安全のシャーマン、ヤマトならば鏡の祈禱師であろう。だが、ヤマトの鏡の時代は一〇〇年ほどでブームは終わっている。そうしたことから見ても卑弥呼は、西日本の海洋都市国家の共通の利益である「鉄の安全輸送」に貢献した巫女（シャーマン）であると考えている。天気と航海安全の祈禱、働いている場所は渡海すべき対馬海峡付近の日本海だっただろう。その時代、航海安全の祈禱は国家事業である。

卑弥呼の時代の倭国の祈禱の広がりは、卜骨《ぼっこつ》遺構、港湾遺跡を繋げることで説明できる。

朝鮮半島の伽耶、釜山から壱岐の原の辻遺跡、妻木晩田あたりまで卜骨がある。丹後あたりまでの日本海沿岸の小さな都市国家の船が集まり、彼女の采配で対馬海峡を団体で安全航海をおこない、鉄を得たと考える。まず、卑弥呼の倭国は九州から日本海である。決して大和ではない。

私がそう考える理由をさらに三つ述べる。第一に当時のアジアの世界情勢や『倭人伝』の内容を考えても、いわゆる「国家」はなかった。このような集落の一つひとつは都市国家であっても全体として大きな国とはいえない。点である弥生集落が全国に拡がっているが、朝貢している卑弥呼の国は一握りに過ぎない。国家を代表しているともいえない。陳寿が間違えて卑弥呼を女王と呼称したのである。松本清張もそう語っている。

前作で「陳寿が、宗教家か対馬海峡横断の航海安全を祈禱する巫女を、倭国の『女王』と書いてしまった」と書いたところ、「卑弥呼を冒瀆している」という厳しい非難を受けた。この人は卑弥呼が祭祀を今も守っているというのだろうか。天照大神などと同一視しているのだろうか？　歴史と神話は分けて考える必要がある。

第二の理由も、陳寿の間違いに関連する。前作でも触れたことで、『魏志』「倭人伝」に「陸行一月、水行十日」とあるが、九州から近畿まで、当時は歩いては行ける状態ではない。

山陽道は山ばかりの道なき森林地帯。宿や馬を準備した駅制がないとそれだけの距離の旅はできない。しかし、山陰道は、沿岸を船で移動するので「水行一月、陸行十日」である。間違いにすれば、すべて、条件が違ってくる。なお、本書で縷々《るる》説明したような理由で卑弥呼の特使難升米は当時の瀬戸内海は通れないし、通っていない。つまり、邪馬臺国が近畿に存在すること自体が物理的に無理なのである。

三つ目は、邪馬臺国近畿説の有力な証拠とされる箸墓古墳がある大和古墳群の公設市場に、当時鉄は届いていない。そして、ここ纏向の人々はこの時代、海洋民族の倭人ではなく渡来系の人々で、三世紀の大和と吉備を結ぶ航路も渡来系の人々が運営する航路であった。『前方後円墳の世界』で広瀬和雄氏も、「卑弥呼の墓に比定できる条件は考古学的には整っていない」という。そして、海上輸送を考えても、前作で述べたが大和川を下って亀の瀬で船を乗り換え、古市あたりで外洋船に乗り換えるというのは難があり、とても洛陽に船団を送れるレベルではなかったと考える。

日本の古代史研究は科学的でない。中国や韓国の歴史認識が正しいものとは到底言えないが、日本もおかしい。国際的にも歴史の客観性がより求められよう。

五・五で前述した三島規裕《みしまのりひろ》氏は「今、全国の神社の大部分は過疎化の中で浮沈の瀬戸際にある。今、何とかしないと神々の世界は大変になる。それには古き日本の神社に存在するコミュニティを救うことが活性化につながる」と語った。

私は、そのためには、文化庁や県がしっかりとした歴史観を持ち、中央史観の「ヤマトの古代史の収奪」という偏った現状を見直すとともに、国指定、県指定の文化財をあり方を再検討し、地方の歴史に光を当て予算を配分することが焦眉の急と考える。古代の遺産が残る地方の神社、寺社仏閣で光るモノが見つかれば、地域のコミュニティの崩壊を食い止めるだけでなく、良い環境ができ、やがては観光振興にも役立つし、地元の日本型の伝統産業を支えることにもなろう。

エピローグ

海洋民族・倭人は、一生懸命、船を漕ぎ、鉄を大陸から運び、六世紀半ばにその役割を終える。その思慮深さ、奥ゆかしいもてなしの精神などを日本人は受け継いでいる。

朝鮮半島は戦いの連続の歴史で、常に多くの人々が逃げてきた。大和は鉄獲得のレースには最初から参加できなかったが、もてなしの前方後円墳の公設市場をつくった。神様は鉄資源がない中で努力してきた美しい土地、大和に最後にご褒美をくれた。

ご褒美は伽耶と百済の遺民による恵みで、かれらは鉄だけでなく多くの文化を伝えてくれた。高句麗、新羅を相手にした鉄戦争に倭国は負けたが、結果はまさに「負けるが勝ち」であった。大量の工人が日本に帰化、日本の発展に寄与した。騎馬民族は、戦争には強いがモノづくりが苦手になった。七世紀には戦争をしていないヤマトの一人勝ちになった。

半島の工人の多くは大阪平野に移住し、ヤマトの国づくりに貢献することになる。一方朝鮮半島は、産業が空洞化し、搾取する一部貴族と働いても働いても報われない大多数の奴婢の国として残った。

中国、韓国は付き合いにくい国であるが、時には幸せをくれるいい隣人である。とくに韓国には鉄は大変世話になっている。

日清戦争の賠償金の一部で八幡官営製鉄所、今の新日鉄ができた。逆に、戦後賠償で上海宝山製鉄所、韓国のポスコ製鉄所が日本の援助でつくられた。鉄の交流は、近現代に至るまで続いているのだ。だが近年は、お互いに助け合ってきたことを忘れている。

鉄から学ぶべきは、「歴史は繰り返す。変わらない歴史もある」ことである。感謝をしない相手は、我が民族とは違うＤＮＡであることを承知で付き合っていかねばならない。

海洋国日本は海で油断があってはならない。応神天皇と天智天皇が日本の制海権を守った。しかし、平安時代の摂関政治は国際感覚に疎く、国全体を病的な状況に陥らせた。末世である。結果、制海権を失い韓国から国土を繰り返し侵略されている。韓寇、新羅寇という。中には唐の軍隊も混じって襲っているが、その事実はあまり知られていない。

中国の強引な統治、搾取、破壊はすぐに周囲に敵をつくる。新疆《しんきょう》ウイグル自治区の支配や南シナ海進出をみればわかる。大勢の漢人が進出し、資源や経済的利益をむさぼり始め、周辺国の古きよき伝統的な社会秩序と文化を壊し、現地の民族を蔑《ないがし》ろにする。

彼らは二千年経っても同じ歴史を繰り返している。現在の中華人民共和国の、前の胡錦濤体制と今の習近平体制は、新疆ウイグル自治区や尖閣列島の東シナ海、南沙諸島に地下資源があり、手が出せるとわかるや否や、突然侵略を開始する。

いいや、突然ではない。周到に準備して襲う。漢の時代は港や船団をつくり、隋の時代は運河をつくり、現在は、空母をつくり、埋立てまでおこない、隙あらば攻めようとする。だが、攻撃をするとすぐに弱体化して滅びる傾向にある。我々はその兆候を見抜き、負けない準備をする必要がある。

今の中国の時代は、今後百年は続く。その時、日本とＡＳＥＡＮ諸国はどう南シナ海、東シナ海で向き合ってゆくか、古代史の倭国と中世の鎌倉時代にそのヒントがあるように思われる。ヒントは日本人独特の忍耐強い戦い方である。倭人は四百年間、高句麗、新羅と戦って、最後には半島から追い落とされたが、日本はすばらしい国になった。

歴史家は正しい歴史を国民に教える義務がある。日本だけでなく、正しい歴史を世界に知らせる義務がある。

最後に本書をまとめるにあたり、前作からお世話になった京都府埋蔵文化財調査研究センターの肥後弘幸氏の多くの著作・文献、地道に鉄器を重層的にまとめられた野島《のじま》永《ひさし》氏の『初期国家形成過程の鉄器文化』（雄山閣、二〇〇九年）、古墳を客観的に捉えられた広瀬和雄氏『前方後円墳の世界』（岩波新書、二〇一〇年）、及び緻密に関東から信州の古代史を分析された石川日出志氏『農耕社会の成立』（岩波新書、二〇一〇年）は大変参考になった。御礼を申し上げる。

参考文献

・『出雲の考古学と「出雲国風土記」』古代出雲の里推進協議会編 学生社（二〇〇六年）
・『出雲弥生の森博物館展示ガイド』出雲弥生の森博物館編（二〇一〇年）
・『稲作渡来民』池橋宏 講談社選書メチエ（二〇〇八年）
・『海よ島よ』白石一郎 講談社（一九九四年）
・『海を渡った鏡と鉄』鳥取県埋蔵文化財センター（二〇一一年）
・『越境の古代史』田中史生 ちくま新書（二〇〇九年）
・『「概説」韓国の歴史』宋讃燮（ソン・チャンソブ）洪淳権（ホン・スングォン）藤井正昭訳
明石書店（二〇〇四年）
・『街道をゆく13「壱岐・対馬の道」』司馬遼太郎 朝日文庫（一九八五年）
・『関東・甲信越　古代遺跡ガイド』東京遺跡散策会 メイツ出版株式会社（二〇一三年）
・『教養としての日本宗教事件史』島田裕巳 河出ブックス（二〇〇九年）
・『継体天皇の時代』高槻市教育委員会編 吉川弘文館（二〇〇八年）
・『現代語訳　日本書紀』福永武彦 河出文庫（二〇〇五年）

・『高句麗と日本古代文化』上田正昭ほか 講談社（一九八六年）
・『高句麗の政治と社会』東北亜歴史財団編、田中俊明監訳、篠原啓方訳 明石書店（二〇一二年）
・『古代国家と東アジア』上田正昭 角川学芸出版（二〇一〇年）
・『古代史大逆転』武光誠 ＰＨＰ研究所（一九九七年）
・『古代史の謎は「海路」で解ける』長野正孝 ＰＨＰ新書（二〇一五年）
・『古代丹後王国は、あった』伴とし子 ＭＢＣ２１京都支局・すばる出版（一九九八年）
・『古代日本謎の四世紀』上垣外憲一 学生社（二〇一一年）
・『古代日本の鉄と社会』東京工業大学製鉄史研究会 平凡社選書（一九八二年）
・『古代の日本と伽耶』田中俊明 山川出版社（二〇〇九年）
・『古代壁画が語る日朝交流』全浩天 草の根出版会（二〇〇二年）
・『古墳からみた倭国の形成と展開』白石太一郎 啓文舎（二〇一三年）
・『古墳時代』右島和夫・千賀久 河出書房新社（二〇一一年）
・『古墳とは何か』石野博信編 新泉社（二〇一三年）
・『三角縁神獣鏡の時代』岡村秀典 吉川弘文館（一九九九年）

・『三角縁神獣鏡は卑弥呼の鏡か』安本美典 廣済堂出版（一九九八年）
・『三国史記』金富軾、林英樹訳 三一書房（一九七五年）
・『史記』司馬遷、小竹文夫・小竹武夫訳 ちくま学芸文庫（一九九五年）
・『しまねの古代文化　第15号』島根県古代文化センター（二〇〇八年）
・『初期国家形成過程の鉄器文化』野島永 雄山閣（二〇〇九年）
・『山海経』高馬三良訳 平凡社ライブラリー（一九九四年）
・『前方後円墳の世界』広瀬和雄 岩波新書（二〇一〇年）
・『創世記』関根正雄 ワイド版岩波文庫（一九九一年）
・『雑兵たちの戦場』藤木久志 朝日選書（二〇〇五年）
・『高倉院厳島御幸記』源通親、塚本樹訳
・『旅の古代史』森浩一、門脇禎二 大功社（一九九九年）
・『丹後王国の世界』京丹後市立丹後古代の里資料館（二〇一三年）
・『朝鮮半島の考古学』早乙女雅博 同成社（二〇〇〇年）
・『鉄剣の謎と古代日本』井上光貞、大野晋、岸俊男、斎藤忠、西嶋定生、直木孝次郎 新潮社（一九七九年）

・『鉄の古代史　弥生時代』奥野正男 白水社（一九九一年）
・『東国から読み解く古墳時代』若狭徹 吉川弘文館（二〇一五年）
・『東国の古墳と古代史』白石太一郎 学生社（二〇〇七年）
・『東北古墳探訪』相原精次、三橋浩 彩流社（二〇〇九年）
・『鳥取県の考古学第三巻　弥生時代2　戦いと交流・墓とまつり』鳥取県埋蔵文化財センター（二〇〇七年）
・『鳥取県の考古学第四巻　古墳時代1　古墳』鳥取県埋蔵文化財センター（二〇〇八年）
・『渡来の古代史』上田正昭 角川学芸出版（二〇一三年）
・「日本海で交錯する南と北の伝統造船技術」『神奈川大学国際常民文化研究機構年報』赤羽正春（二〇一〇年）
・『日本古代の王権と祭祀』井上光貞 東京大学出版会（一九八四年）
・『日本史の謎は「地形」で解ける』竹村公太郎 ＰＨＰ文庫（二〇一三年）
・『日本の古代遺跡を歩く』歴史と文化研究会 メイツ出版（二〇〇五年）
・『日本発掘！』文化庁編 朝日選書（二〇一五年）
・『農耕社会の成立』石川日出志 岩波書店（二〇一〇年）

・『埴輪群像の考古学』大阪府立近つ飛鳥博物館編 青木書店（二〇〇八年）
・『宮津市史』宮津市史編さん委員会編 宮津市（一九九六年）
・『向かいあう日本と韓国・朝鮮の歴史 前近代編上』歴史教育者協議会、全国歴史教師の会 青木書店（二〇〇六年）
・『向かいあう日本と韓国・朝鮮の歴史 前近代編下』歴史教育者協議会、全国歴史教師の会 青木書店（二〇〇六年）
・『百舌鳥古墳群――その出土品からさぐる――』堺市博物館（二〇一〇年）
・『邪馬臺国の常識』松本清張編 毎日新聞社（一九七四年）
・『弥生の土笛』ぴえりす企画集団編 赤間関書房（一九七九年）
・『ローマ帝国衰亡史』エドワード・ギボン、村山富三訳 岩波文庫（一九五一年）
・『論衡』王充、大滝一雄訳 平凡社東洋文庫（一九七七年）
・『倭王の軍団』西川寿勝、田中晋作 NHK大阪文化センター企画 新泉社（二〇一〇年）
・『倭国伝』藤堂明保、竹田晃、景山輝國 講談社学術文庫（二〇一〇年）
・『倭人をとりまく世界』国立歴史民俗博物館編 山川出版社（二〇〇〇年）
・『倭の正体』姜吉云 三五館（二〇一〇年）

PHP新書

PHP INTERFACE
http://www.php.co.jp/

長野正孝［ながの・まさたか］

1945年生まれ。1968年名古屋大学工学部卒業。工学博士。
元国土交通省港湾技術研究所部長、元武蔵工業大学客員教授。現在、水辺観光・津波防災アドバイザー、NPO法人「水の旅人」主唱。公務員時代は広島港、鹿島港や「第二パナマ運河」などの計画・建造に従事。ライフワークは海洋史、土木史研究。趣味は旅。世界30余ヶ国の海や川を船で渡る経験を持つ。著書に『古代史の謎は「海路」で解ける』（PHP新書）、『広島湾発展史』（中央書店）、『運河物語』（山海堂）など。

編集協力／杉山元康

古代史の謎は「鉄」で解ける　PHP新書 1012
前方後円墳や「倭国大乱」の実像

二〇一五年十月三十日　第一版第一刷

著者――長野正孝
発行者――小林成彦
発行所――株式会社PHP研究所
東京本部――〒135-8137 江東区豊洲5-6-52
新書出版部 ☎03-3520-9615（編集）
普及一部 ☎03-3520-9630（販売）
京都本部――〒601-8411 京都市南区西九条北ノ内町11
組版――朝日メディアインターナショナル株式会社
装幀者――芦澤泰偉＋児崎雅淑
印刷所
製本所――図書印刷株式会社

ISBN978-4-569-82728-5

ＰＨＰ新書刊行にあたって

「繁栄を通じて平和と幸福を」（PEACE and HAPPINESS through PROSPERITY）の願いのもと、ＰＨＰ研究所が創設されて今年で五十周年を迎えます。その歩みは、日本人が先の戦争を乗り越え、並々ならぬ努力を続けて、今日の繁栄を築き上げてきた軌跡に重なります。

しかし、平和で豊かな生活を手にした現在、多くの日本人は、自分が何のために生きているのか、どのように生きていきたいのかを、見失いつつあるように思われます。そして、その間にも、日本国内や世界のみならず地球規模での大きな変化が日々生起し、解決すべき問題となって私たちのもとに押し寄せてきます。

このような時代に人生の確かな価値を見出し、生きる喜びに満ちあふれた社会を実現するために、いま何が求められているのでしょうか。それは、先達が培ってきた知恵を紡ぎ直すこと、その上で自分たち一人一人がおかれた現実と進むべき未来について丹念に考えていくこと以外にはありません。

その営みは、単なる知識に終わらない深い思索へ、そしてよく生きるための哲学への旅でもあります。弊所が創設五十周年を迎えましたのを機に、ＰＨＰ新書を創刊し、この新たな旅を読者と共に歩んでいきたいと思っています。多くの読者の共感と支援を心よりお願いいたします。

一九九六年十月

ＰＨＰ研究所